阅读成就思想……

Read to Achieve

治愈系心理学系列

治愈童年

与你的内在小孩讲和

赵一锦◎著

中国人民大学出版社
·北京·

图书在版编目（CIP）数据

治愈童年：与你的内在小孩讲和 / 赵一锦著. --北京：中国人民大学出版社，2022.6
ISBN 978-7-300-30390-1

Ⅰ. ①治… Ⅱ. ①赵… Ⅲ. ①心理学 Ⅳ. ①B84

中国版本图书馆CIP数据核字(2022)第034993号

治愈童年：与你的内在小孩讲和

赵一锦 著

Zhiyu Tongnian: Yu Ni de Neizai Xiaohai Jianghe

出版发行	中国人民大学出版社			
社　　址	北京中关村大街31号		邮政编码	100080
电　　话	010-62511242（总编室）		010-62511770（质管部）	
	010-82501766（邮购部）		010-62514148（门市部）	
	010-62515195（发行公司）		010-62515275（盗版举报）	
网　　址	http://www.crup.com.cn			
经　　销	新华书店			
印　　刷	天津中印联印务有限公司			
规　　格	170mm×230mm　16开本		版　次	2022年6月第1版
印　　张	15　插页1		印　次	2022年6月第1次印刷
字　　数	178 000		定　价	65.00元

版权所有　　　　侵权必究　　　　印装差错　　　　负责调换

推荐语

近些年，常出现有人因受过童年创伤（如家庭变故、亲子分离，以及虐待、欺凌等）而放弃希望的新闻报道，令人们纷纷关注童年创伤给心灵带来的伤痛。

这本《治愈童年》解读了个体如何运用内在小孩的理论去疗愈内心、抚平伤痛，重获积极快乐的人生。

要想破解成年困境，的确需要从治愈童年做起。这不仅需要个体自身的努力，更需要政府、社会和家庭思考如何守护孩子，帮助那些在童年遭遇过不幸的人走出阴霾，拥抱阳光。

刘志军
浙江大学社会学系教授、博士生导师

2016年冬天，我结识了一锦老师。那时的我奔忙于各地，学习各种心理学课程，期待着能通过学习达到修己达人的目标，可是七八年过去了，我对于心理学的理解和掌握似乎仍是一团乱麻、不成系统。直到在大连体验了一锦老师的课程后，我的心才一下子安静下来，并告诉自己："不用再四处跑了，就留在这里吧。"

一锦老师娴熟的专业能力，充满人情味的言谈话语以及通透豁达的性格，深深地吸引了我，很荣幸地，我做了一锦老师的研修生。跟随一锦老师学习成长至今已经有五年之久，越接触，越觉得自己的选择太正确了，一锦老师不单单从专业理论和技术上教授给学员们后现代心理学的专业知识，更从为人处事上为我们示范了一个自我关爱、智慧生活的榜样。

文如其人，一锦老师的身上散发着理性又温暖的人格魅力，正如她今天为大家呈现的这本书——《治愈童年》。荣格说："内在小孩是一切光之上的光，是治愈的引领者。"只有内在小孩被看见、被疗愈，并能与我们一同快乐、健康地成长，我们的内心才会真正成长，真正感到快乐。

一锦老师的课程帮助过许多朋友重新获得生命中的美好。相信借由本书的出版，能帮助更多人学会关爱自己的方法，获得幸福的人生。

吴隶骅
国家二级心理咨询师、关注自我幸福的践行者

阿德勒说："幸福的童年治愈一生，不幸的童年需要一生去治愈。"

《治愈童年》这本书的作者赵一锦从事心理咨询工作十余年，培养了数百位专职心理咨询师。她从内在小孩的概念、理论入手，结合案例实践，手把手地教大家如何通过与内在小孩讲和来解决我们正在经历的心理困境。

我们一生中碰到的各种困境和烦恼，都在很大程度上与我们年幼时受过的创伤有关。疗愈了那个受创伤的内在小孩，我们所面对的心理困境就能迎刃而解。一锦老师在书中详细介绍了找到内在小孩的方法，以及疗愈内在小孩的过程，还贴心地为大家设置了相应的练习。

如果说我们终其一生不过是在寻找自己，那么内在小孩就是我们找回自己的重要线索。作为一本自我疗愈的工具书，《治愈童年》能帮助我们与内在的小孩讲和，接纳不完美的自己，与缺失的自己团圆！

李箐
国家二级心理咨询师、上海舜心心理创始人

《治愈童年》是一本非常有价值的心理学读物，值得广大心理学爱好者和需要内在疗愈的读者来品阅。

有因才有果，任何事物的结果都可以追根溯源，找到根源就可以理解和接受当前的结果。

人们在生活中常会有这样的疑惑："我为什么是这样的？""那个人为什么是那样的？"其实，我们可以从过去的时间里找到所有问题的起源、发展和答案。

这本《治愈童年》不仅能帮助我们找到生命的答案，告诉我们如何从漫长的岁月长河中去寻找那个过去的自己，如何解读过去的自己，如何跟过去的自己和解，以及如何跟未来的自己对话，还能帮我们解读心理创伤、当前困境，带我们找到内在不完美的小孩，并用自己的能量重塑内在小孩，抚平伤口，走出困境。

殷钰焜
国家二级心理咨询师、吉林省心商道文化咨询研究院院长
钰焜国际心理咨询工作室（全国连锁）创始人

我们在日常生活中常会莫名其妙地向最亲近的人发脾气，也会在教育孩子的过程中重复父母在教育我们的过程中令我们反感的教育模式，还会在孩子身上完成一些我们小时候没有被满足的愿望……这些都源于我们的内在小孩。

内在小孩是我们对子人格的一个隐喻。每个人都有多个不同的子人格——有让我们喜欢的，也有让我们讨厌的，不管是好的还是坏的，它们都是我们的一部分，有了它们，我们才拥有完整的人格。

"内在小孩"这个隐喻可以让我们很清晰、很形象地了解我们的子人格，从而更好地理解我们在一些情景、事件中所产生的情绪和行为。

《治愈童年》一书不仅让我们了解、看到自己的内在小孩，还有实操性很强的练习，让我们通过新的经验来取代旧的、过时的经验，也让我们的人格变得更加完整。

于洪潇

国家二级心理咨询师、辽阳佳彤亲子绘本馆馆长

读罢赵一锦老师的《治愈童年》一书，我就像来了一个脑筋急转弯，开启了生命的另一种可能，突然产生了一种放下的感觉，豁然开朗：

原来，每个大人都曾经是个小孩；

原来，每个人的心中都住着一个长不大的小孩；

原来，每个人不管是在童年还是成年后，当内在小孩的需求得不到满足、情绪得不到释放、价值观得不到肯定时，它就会一直蹲在那里哭泣、停止成长。内在小孩只有被看见、被疗愈，并能与我们一同快乐、健康地成长，我们的内心才会真正成长，真正感到快乐。

书中介绍的多种方法好似生命之梯，带着我们勇敢地去探索内心敏感而脆弱的小孩，引领我们向上、向上，不断长大成人。

栾慧丽

国家二级心理咨询师、萨提亚家庭治疗模式讲师

有幸先于诸位阅读《治愈童年》这本书，读后我只觉得轻松，在字里行间与自己的思绪和解。通篇都是赵老师温柔且循序渐进的"教导"。她带我们

了解创伤、了解记忆、了解那些我们曾受困却不得解的情结。她教我们遇见，教我们认识，教我们和解与接纳。她在本书的最后说，要带我们的内在小孩回家。

我曾有幸在课程练习中见过我的内在小孩，匆匆一面，却令我刻骨铭心，总觉得它代替我承受了我所有承受不住的委屈和难过。因此，在我阅读这本书的过程中，我会自然而然地随着书中字句想到自己的日常情绪。在阅读每个案例时，好像都有一些瞬间觉得自己轻松或通透了一些，并运用每种方法慢慢地与自己的内在小孩碰面、了解、讲和。

真心期待诸位读者也能带着各自的内在小孩回家。

宣琳
应用心理学专业在读硕士、积极情绪管理的倡导者

"千人千面"是一个很通俗的形容词，是指每个人都有不一样的面孔、性格、个性。然而，在现实生活中，千人何止千面！所谓的"千面"，不过是一个人愿意让别人看到的那一面而已。对于个体而言，一人千面也不是不可能的。只不过，别人所看到的是我们愿意展示给这个世界的那一面，是愿意暴露于人前的那一面。然而，我们也会有很多面是刻意隐藏起来的，还有很多面是连我们自己都不清楚或不知道的。

正是这许许多多的面，才组成了每个与众不同的人，独一无二正是生命最有魅力的色彩。如果我们能够更多地了解自己，就会让自己的生命更丰满，也会让自己更好地与这个世界相处。

我的授业恩师赵一锦老师，通过《治愈童年》一书帮助每个人从根本上真正地去了解自己，让每个人都能与内在的自己更好地融合，以治愈我们从来不曾完美的人生中所受到的伤害、所遭受的困扰，让我们更好地理解自己、认可自己，以及去更好地发挥自己内在的积极力量。

希望我们都能治愈童年的伤痛，牵起自己内在小孩的手，共同走向我们的心灵家园。

滕兰兰

国家二级心理咨询师

很多人以前都不知道自己的内在还有个"小孩"，也从来都不知道这个"小孩"会在我们的内心搞事情，更是从来都没有认真地想过自己为什么会做出这样或那样的行为……这一切好像都会很自然地归到脾气和性格上。

其实，每个人的内在都住着一个受过受创伤的内在小孩。《治愈童年》一书提供了很多的练习方法，不仅能让我们知道问题出在了哪里，还能教会我们接下来应如何做，从而少一些情绪，多一些温和。

王瑞林

菩恋吉祥品联合创始人

推荐序一

来自潜意识里的修复力量——人格重建

蔡仲淮

美国西南大学心理学院教务长、博士生导师

受邀为中国人民大学出版社出版的《治愈童年》一书写推荐序,我感到很欣喜。

作者赵一锦老师是一位非常勤勉的心理学工作者,不仅谙熟心理学的理论与疗法,还以独特的方式将其应用于个案咨询和心理学培训。

读完整本书后,我认为这是一本非常棒的自我成长书籍。本书虽然围绕内在小孩展开,但核心是人格成长。赵老师通过创伤的形成、未完成情结阐述了内在小孩的形成,又通过积极冥想修复那些创伤、记忆和情结,最终实现人格的整合。可以说,对于所有的心理问题和心理疾病,潜意识中最有效的修复力量就是人格重建。

关于这本《治愈童年》,我还想说以下三点。

首先,本书是我看过的相对完整、系统地阐述创伤的子人格(即受创伤的内在小孩）形成的书。我们在不同的心理学学派、理论中知道童年创伤，以及童年创伤对人的影响，而且往往需要跟来访者"回到"过去的童年创伤中工作。本书从童年创伤谈起，它像一颗种子种在人们的体内。如果说创伤是种子，那么未完成事件则形成了受创伤的内在小孩。因此，本书的重点是运用完形疗法的理论诠释未完成情结形成的受创伤的内在小孩。这个过程是这样的：童年经历创伤，一颗种子落入体内；形成未完成事件，因其无法趋于完成而形成情结；随着时间的推移，一遍遍趋于完成却无法完形的情结又一遍遍地唤醒种子，形成了受创伤的内在小孩。正如完形疗法所表达的理念，在一个创伤的闭环里，无论打破哪个环节都会实现趋于完成，即完形。这本《治愈童年》为每个环节提出了相应的疗愈方法。

其次，本书用通俗易懂的语言循序渐进地引导读者疗愈创伤、重建子人格。无论是什么事情，一旦找到原因，就能找到解决的方法，受创伤的内在小孩也一样。疗愈创伤的方法有无数种，但是人格重建是最有效的方法之一。我最大的欣喜就是来自这本书疗愈的核心——重新建构子人格。重新建构的意义不仅是可以疗愈创伤，还可以在内在系统建构积极品质。本书的精彩还在于，由浅入深、由表及里地带领读者进入丰盛的内在系统。与内在小孩对话是第一步，它既可以让人们自我觉察，又可以让人们释放负面情绪和能量，这一步为疗愈疏通了阻碍；第二步是通过冥想训练修复曾经的"创伤""记忆""情结"，进而在内在系统疗愈内在小孩；第三步是重建积极的内在小孩，从而让人们跳出曾经既定的创伤思维，这也是现代积极心理所推崇的构建或关注积极、快乐的品质。

最后，带内在小孩回家，完成内在人格的整合。本书谈到了接纳，纵观全书，最后落脚在接纳，我想这应该是本书作者赵一锦老师的哲学思想。事物本就一阴一阳，我们可以疗愈所有的阴暗，但是只有接纳一阴一阳的事物，疗愈才有意义。内在小孩本就是人们内在人格系统中的一个子人格，"坏的内在小孩"也是"我"的一部分，但是在面对社会建构的"好"与"坏"时，接纳"坏"的自己既珍贵又艰难。在最后回归"接纳"，从而完整地诠释了本书的疗愈逻辑：当人们觉察到自己的困惑并试图找到答案时，也会更愿意让自己成为更好的自己；无论是释放情绪还是修复创伤，直到看见"坏的内在小孩"的另一面，接纳他就变得顺其自然了。带内在小孩回家，让内在系统不断整合，"我"才完整。

因此，如果你能阅读这本书，并认真完成书中的练习，那么它将带给你惊喜的蜕变！

推荐序二

来一趟自我成长的旅程

邱丽娃

萨提亚家庭治疗资深讲师

隐喻故事治疗资深讲师、绘本解析与运用讲师

相信接触过心理学的伙伴都听过"内在小孩"这种说法。它不像我们的外形那么具体，但它常常影响着我们的现在，当我们探索内在与疗愈的过程时，也一定体验过一些方法去联结内在小孩，并疗愈它。然而，当被问到什么是内在小孩时，你是不是常常无法说得很清楚？你是不是只有一个概念或一个模糊的印象，但无法说得很具体、很清楚？这会不会对你造成困扰？

赵一锦老师的这本《治愈童年》可以为你解除这个困扰。赵老师引用了多位学者的论点，详细地阐述了内在小孩的概念，让读者依循着清晰的脉络去认识自己的内在小孩。

认识了内在小孩之后，就要往前更进一步——与内在小孩讲和。正如本书所述，内在小孩其实就是我们的一个子人格。因此，与内在小孩讲和，其实就是与自我和解。只有与自我和解，我们才有可能实现人际和谐。

在我为一个教育机构内训时，机构的老总很用心地为员工安排了成长课程。我在这期间发现，其中有一位副总与自己内心的距离很远。也就是说，他忽略了他的内在需求，尤其是他还没有与其内在小孩建立联结，也没有带内在小孩回到心里的家，更没有与自我和解。同时我还发现，他与其他同事的心理距离也很远。尽管有这样的发现，但当时我觉得还不适合去点拨他，于是将之默默地记在心里。

过了一段时间，这个机构的老总向我咨询关于机构中员工的一些现象。他说："在与大家的相处中，我最大的困惑是，公司里有一位副总为什么总是无法与同事和谐相处？他说他是公事公办，但我觉得好像不是这个问题。我实在搞不懂问题出在哪里！"

我问他："你是不是觉得这位副总与大家的心理距离很远？"

他点点头，说："是的，就是这种感觉。我们是教育机构，我一直和大家强调要'走心'，但无论我怎么说，无论说多少遍，这位副总和大家相处时都无法'走心'。"

这时，我想到了我的观察，便跟他说："副总处理事情的能力很强，他之所以无法'走心'，是因为他与自己内心的距离很远，这也让他无法与同事拉近心理距离、与大家相处时无法'走心'。"

老总一听，恍然大悟，道："我知道该怎么办了！"

又过了几个月，再遇到老总时，他很高兴地跟我说："问题解决了！"

我问："你是怎么做到的？"

他说:"我跟那位副总聊了聊童年的事情,并建议他在现在的生活中满足童年未满足的期待。我还告诉他,你与自己内心的距离很远,你要慢慢地接纳自己的感受、需求与想法。"

看到这里,你是不是觉得这位老总不是普通生意人?是的,他不仅创办了这家教育机构,还是一位心理学爱好者,参与过很多心理工作坊,学过不少与内在和解的方法。

同时,你可能还会产生这样的疑惑:

- 我如何知道我与自己的内心距离是近还是远?
- 我如何知道我有哪些内在小孩?
- 我如何带内在小孩回心里的家?
- 我需要怎么做才能与自我和解?

要想为这些疑惑找到答案,就要来一趟自我成长的旅程。你需要先准备一个背包,装好你在旅程中会用到的物品,再踏上征途。

这本《治愈童年》将为你接近自己的内在提供指引。书中有概念和理论说明,就像能告诉你遵循什么路线、搭乘什么交通工具的地图,帮助你认识自己的内在小孩;还有十几个练习,如同你脚上的鞋子,带着你前往各个地方,让你真正地来过、看过。萨提亚曾说:"察觉是改变的开始,体验让改变发生。"这些练习让你体验、改变,最终你才能抵达"与自我和解"的目的地。在那里,你可以欣赏风景,也可以享用美食,更适合启动你内在的能量与身体中蕴藏着的能量保护圈,再开启下一段成长的旅程。人生不就是一段又一段的旅程吗?

现在,是时候打开这本书,带你的内在小孩回家,与自己和解了!

推荐序三

疗愈童年创伤，改变生命轨迹

赵会春

中央财经大学学生心理咨询中心副主任

中国心理学会注册心理师、北京市精神卫生和心理健康专家委员会委员

2014年，我与赵一锦老师结识于一次沙盘培训。至今我依稀记得，她戴的手表有着大大的表盘，于是猜想她一定是一位很有个性的女性。经过不断地接触，我慢慢发现，她不仅有个性，还是一位博学多才的心理学工作者。因此，非常荣幸能为她的新书《治愈童年》写推荐序。

拿到这本书的书稿，有这样的一句话涌入了我的脑海——疗愈童年创伤，改变生命轨迹。在人的一生中，生命轨迹都会深受童年经历的影响。作为心理学工作者，要竭尽所能地帮助来访者重建童年剧本，修复因创伤而带来的痛苦。本书将充满爱与尊重的疗愈童年创伤之路娓娓道来。

我先是试着把自己想象成褪去了职业外套的非专业人士来看这本书。我将自己代入书中，跟随书中每一个章节的节奏，我也想象着不同的自己的画面，回忆成长经历中和父母相处的点点滴滴、曾经的梦境（无论是被督导过的还是没有被督导过的），并用简易的方式与自我对话。我还跟随着书中介绍的冥想训练做练习，厘清头脑中缤纷的意象。读完整本书，我感觉自己通透多了，很神奇。

然后，我又穿上职业外套去重新看这本书，我有以下两点感受。

第一，它不是单一流派的理论，而是融合了多个流派，严谨地阐述了从创伤的发生、子人格形成、疗愈创伤、接纳自己，到最终与自己和解的全过程。这非常契合后现代的咨询风格，让人不知不觉地走进了自己的内在世界，然后不知不觉地走出创伤。

第二，它通过疗愈内在小孩，疏通堵塞的童年创伤。可能正是这一点，让人读完便产生了一种神清气爽的神奇感觉吧！正如书中的一篇冥想文所描述的那样，当人们整理了内在花园，种上快乐的种子，除去杂草后，美自然会尽收眼底。

童年创伤是心理学中的一个比较大的课题。在心理咨询中，来访者在现实中的心理困境往往来自童年创伤，只是很多人不知道。成年人所呈现出来的绝大多数现象都与其童年经历有关，包括：童年经历影响了人的人格特质，童年创伤会给人带来负面影响，生活中的不如意又会触发创伤的开关。治愈童年，便能引导人们走向更幸福的生活。不过，引导来访者走出童年阴影其实是比较艰难的，但本书从一个崭新的视角为读者提供了答案。

本书的核心在于，通过疗愈内在小孩来治愈童年。不少读者可能都听说过"内在小孩"这个词，本书不仅全面地解释了什么是内在小孩，还详尽阐述了内在小孩的形成过程。相信内在小孩的形成过程一定会给读者带来思考与觉察，因为这个过程既有别人的故事，也有我们自己的故事。大多数心理咨询疗法都介绍了疗愈内在小孩的方法，但本书的观点很新颖——讲和。讲和，就是自己与自己讲和，这个观点也扣合了"冲突是自己与自己的冲突"的观点。

如果疗愈到这里就结束了，那么还不能说明生命轨迹如何被改变。本书还教我们激发内在积极的力量，去帮助自己修复那些经历创伤的部分。也就是说，既要从内在世界中寻找积极资源，又要重建积极的内在小孩。一旦我们的世界中有更多的积极力量被唤醒，世界上就再也没有能难住我们的课题。一旦我们学会了唤醒积极力量，我们生命的轨迹就掌握在自己的手中。

序

这本书，是我送给你的礼物。

每个人一来到这个世界，生活中就交织着悲欢离合：或许在你享受生活的时候，有时你会一不小心弄丢了自己；或许在你迷失的时候，所有的感受都停留在你的世界中——悲伤、难过、幸福、喜悦、成功、失败都是你的独角戏。这些你所体会到的感受，既有你无法用语言表达出来的，也有现实中感受不到的。

有人在乎过你的悲欢离合吗？

也许你思来想去也想不出有这样的人，甚至会为此觉得孤独、落寞，不过，我很想提醒你，你忽略了一个人，他一直在你的身边，在你的心里。你之所以会忽略他，可能是出于以下原因。

他曾为你背负过伤痛，如果是这样，我会陪你一起为他疗愈；他曾看过你的无奈与悲痛，如果是这样，我会陪你一起告诉他真相；他知道你执着于过去隐隐的痛，你把他留在了过去的某一刻……如果是这样，我会陪你一起去找到他，带他回家，回到你的心里。

他就是你的内在小孩，是你的一部分，是在你的内在呈现的真实的你。

他是你生命中一直都在的那个人。

接下来，请翻开这本书，我把找回他的方法当作礼物送给你，在你带他回家后，你会发现，你的世界焕然一新，我也会和你们一起释怀所有的失落，让你们讲和，迈向更幸福的生活。

目录

第 1 章 — 子人格的隐喻 ... 001

什么是人格 ... 007
子人格的概念让"我"更鲜活、更有层次感 ... 010
 练习1 觉察自己的子人格 ... 016
内在小孩是子人格的隐喻 ... 016

第 2 章 — 来自童年的创伤 ... 019

关于心理创伤 ... 026
受创伤的内在小孩的形成 ... 034
你可能不知道你曾经历的童年创伤 ... 040
心理创伤的代际传递 ... 047
 练习2 认识童年的创伤 ... 048

第 3 章　来自梦里的记忆　051

人为什么会做梦　055
梦是人类记忆的语言　056
梦代表不同的内在自己　058
识别有意义的梦境　060
梦里的记忆有助于找到内在小孩　065
　练习 3　觉察梦境的意义　068

第 4 章　寻找内在小孩　071

为什么要寻找内在小孩　073
如何找到内在小孩　074
　练习 4　画出内在小孩的肖像　077
找到受创伤的内在小孩　078

第 5 章　未完成情结　093

什么是未完成事件　095
未完成事件的积极意义　097
未完成事件的消极意义　098
创伤与未完成事件　101
什么是情结　103
未完成情结与受创伤的内在小孩　108

第 6 章　与内在小孩对话　　111

关于内在的自我对话　　114

与内在小孩对话之讲和　　115

与内在小孩对话之自我觉察　　120

　　练习 5　自我觉察　　121

与内在小孩对话之释放情绪　　123

　　练习 6　用书写的方式倾诉　　126

第 7 章　修复创伤、记忆和情结　　131

走进心中的秘密花园　　134

　　练习 7　秘密花园的冥想　　138

找到秘密花园中蕴藏的宝藏　　141

　　练习 8　探寻秘密花园中的宝藏　　146

用宝藏疗愈受创伤的内在小孩　　147

　　练习 9　启动内在宝藏　　152

未来人——来自未来的声音　　155

　　练习 10　未来人的冥想文　　157

第 8 章　重建内在小孩　　161

受创伤的内在小孩的重生　　164

重建内在小孩的关键点　　171

简单易行的重建内在小孩的方法 　173
　　练习 11　重建内在小孩 　174
新的内在小孩——人格系统趋于丰盛 　176
　　练习 12　冥想文：庄园 　179

第 9 章　与内在小孩讲和 　185

被遗落的内在小孩 　188
为什么疗愈了内在小孩，我还是不能接纳他 　191
带内在小孩回家，接纳不完美的自己 　194
　　练习 13　带内在小孩回家 　195
内在整合 　197
　　练习 14　内在整合的冥想 　198
与自己讲和 　201

第 10 章　身体里蕴藏着的能量保护圈 　203

能量保护圈 　205
感受能量保护圈 　208
　　练习 15　启动身体里的能量保护圈 　209

后记 　213

第 1 章

子人格的隐喻

"我"的定义源于"我"的人格系统。

"内在小孩"是近年来备受关注的心理学话题,很多心理学理论从不同的侧面建构内在小孩,还发展出了内在小孩疗法,这些疗法帮助了很多在心理上陷入困境的人。

先来讲一个案例①。

案例

来访者小枫被诊断为抑郁症,正在接受药物治疗,她的医生把她推荐到我这里接受心理咨询。她非常美,是那种不做任何修饰、自然的美。她的身材超级棒,就算是女人看到她也会生出几分嫉妒。然而,这样的她却在婚姻中遭遇了背叛,前夫更是为了尽早离婚百般挑剔、指责她,曾经宠爱她的公婆也总是数落她,就连她的父母也说是因为她的问题才导致婚姻破裂。面对这些指责,小枫渐渐开始觉得他们说的都是对的——的确是自己不好,她不配拥有好的婚姻,如今走到这一步都是她的过错。虽然她因为服用了抗抑郁药物能稳定一些,但是在与她沟通的过程中还是可以听到她的崩溃。

---

① 为保护来访者的隐私,本书中的所有案例仅疗愈过程接近真实,其余案例信息及部分对话均经过编撰处理。

小枫就像一个不断被大人们指责的小孩，她满心委屈地抽泣着，不知所措。于是，我决定在适当的时机借助内在小孩疗法来帮助她。

小枫（以下简称"枫"）：我这样哭哭啼啼地把这些事情跟你说完后，心情舒畅了很多，但还是觉得心里很堵，晚上有时会突然醒来。

心理咨询师（以下简称"咨"）：非常高兴在第三次咨询中能听到你有这样的变化，能跟我具体说说吗？

枫：白天的时候还好，到了凌晨一两点，我有时会突然惊醒，觉得好像有很多人在指责我，说我这不好、那不好，全都是我的错。那一刻，我觉得白天的好都是假的，我还是不好的。

咨：很高兴你能进步得这么快，之前我们用了一些时间让你倾诉心里的苦楚。接下来，我想邀请你做一次自我对话，就是完整的你自己与被指责的你对话。

枫：我需要怎么做呢？能让我不再在半夜惊醒吗？

咨：很简单，稍后我会带领着你。在听了你的述说后，我觉得你的一个部分受伤了。我用一个比喻来说明，这好比你的腿不小心磕在了一块大石头上，划了一道很深的口子，这时它的痛让你感觉全世界好像只剩下这个伤口了。你在讲述你的故事时，就好像是在为伤口擦去上面粘着的黏黏的泥土。如果简单地包扎上，那么表面上看像是结痂了，但并没有很好地清理掉里面的杂质并为伤口消毒，所以尽管你腿上的伤口表面上看不流血了，但是你还是会感到内部疼痛，并且会化脓，就像你在白天时感觉还可以，但是到了晚上会痛醒。接下来的对话，就像我们在为你清理伤口中的杂质，并对伤口适当地进行消毒。

我引导她与内在小孩对话（具体方法详见第6章）。完成对话后，她擦了擦眼泪，目光呆滞地沉默了一会儿，然后轻声说了句"谢谢赵老师"，我们就结束了这次访谈。

* * *

再次约谈是在两年后。在正式进入主题前,我跟她聊了聊这两年的近况。

枫:这几年,我除了工作就是到处旅游,感觉又完全找回自己了,还交了新的男朋友(为我展示手机里男朋友的照片)。看,帅吧!

咨:恭喜你,不仅找到了新的男朋友,还找回了自己。我很好奇,那次咨询后到底发生了什么,让你有这么大的变化。

枫:在对话中,我看到一个被指责的小女孩,她好可怜,因为她不是别人说的那样,她有好多好多的优点,就像我现在这样。你还记得我当时说过的一句话吗?

咨:嗯,你当时说了很多,具体是哪一句呢?

枫:我当时说"你不是那样的,要活出自我给他们看看"。

咨:哦,我记得,当时你说话的感觉就像孙悟空挣脱五指山一样。

枫:是呀!我在那个小女孩身上看到了睿智、很强的工作能力和高品位,他们凭什么那样说我?!真的非常感谢你,在那个时候遇见你,你让我看到了我自己。

咨:是你本身很优秀,我只是借助了一个小工具让你看到了优秀的自己。接下来,请你和我聊聊最近的故事吧。你发生了什么事,又要约我咨询?从某种意义上说,我真希望你永远都不要来见我。

后续咨询因涉及其他疗法,故略。

看过小枫的叙述,相信你或多或少地了解了内在小孩疗法所能带来的帮助。

在小枫的案例中，她内在系统中的一个部分不断地被人强化，于是这个部分就像魔鬼一样笼罩着她的世界，让她的内在系统的主要的部分看不见了。对于所有这些部分，我们可以称其为她的"不同的子人格"。

子人格，又称"次人格"，是基于我们生存的需要，在我们生命中某一个时刻留存的行为、感受或想法的整体。因此，在我们的生命中存在着无数的子人格，未来我们既能呈现更多的子人格，又会抛弃一些我们不需要的子人格。既然子人格是我们生命中某一个时刻留存的行为、感受或想法的整体，那么子人格就会分为积极的、消极的和中庸的子人格，而"积极""消极""中庸"是相对于它对我们的影响而言的。

当我们在某个时候过于认同某个或某些消极的子人格，或者过于忽视某个或某些积极的子人格时，我们就会出现一些心理问题，或是一些不好的心理体验、感受。如果我们的内在具有很好的整合能力，那么这些问题就会像昙花一样，开过就过去了。然而，如果我们内在的整合能力不是那么好或是缺乏整合能力，我们就会陷入那个问题所带来的困惑中。这时，我们就需要整合各个子人格，让它们归于主人格之下，即疗愈我们的内在小孩，整合所有内在小孩的需要。

当我们的这些子人格在我们的内心不断地发生冲突和争执时，我们要做的就是与内在小孩们真诚对话。我们有时也会采用来访者的积极子人格来疗愈其消极子人格，有时还会为其重新建构一个积极子人格。

在小枫的案例中就是这样，她的某一个内在子人格被人为地无限放大，而后她就认同了这个子人格，同时其积极子人格被忽视了，从而使她的内在系统瘫痪，失去了整合功能。在疗愈内在小孩的过程中，她客观地看到了真实的内在自己，于是她的内在系统便被重新启动了。由于她内在更多的积极子人格在重新启动时重现于她的世界，因此她也能更快地整合自己的内在资源。

什么是人格

人格可以被定义为"源于个人自身的稳定行为方式和内部过程"。它包含了两个方面：（1）自身的稳定行为，即我们的人格在正常情况下是稳定的，不会随时间、情境等发生变化；（2）内部过程，即它是在我们的内心发生的，影响着我们如何行动以及如何感觉所有的情绪、动机和认知过程。因此，我们通过人的外观差异在外在区分一个人，而人格能让我们在内在区分一个人，每个个体的内在都与他人不同。[①]

尽管心理学的各大流派从不同的角度诠释人格，但我们还是会认为一个人的人格与遗传因素和环境因素有关。

遗传因素

我们的人格形成一部分来自父母及祖先的基因种子，这些种子有多少在我们体内种下，就有多少在我们身上呈现。也就是说，人的智力、人格、心理障碍有相当一部分取决于遗传因素。

环境因素

更多的心理学者认同"人格的形成更多地取决于环境因素"的观点。

---

① 本部分内容参考《人格心理学（第8版）》（中国轻工业出版社，2014年9月）。

不过，与遗传因素一样，目前也没有更前沿的科学统计数据来证实这个观点。不过，这也说明了心理学者在聚焦于后天影响中，发现了环境因素对一个人的影响是至关重要的。

近现代精神分析学派在观察了数以万计的婴儿后得出了这样的结论：一个人的人格或是其重要的心理整合，是在从母亲受孕开始到出生后的四至六个月的期间形成的。因此，个体在被受孕后，母体的情绪环境就成为个体人格形成的环境因素之一。在个体出生后的六个月内，养育环境也在很大程度上影响着个体的人格系统。研究者在关于情绪障碍的研究中发现，如果一个人在青春期前没有出现明显的情绪障碍问题，或是在青春期前出现了一点苗头后得到了及时、有效的干预，那么其在成年后出现情绪障碍的概率是非常低的；相反，如果没有得到有效干预，那么其情绪障碍问题可能会伴随其一生。因此，环境因素是可以人为调控的。

我们可以通过后天环境因素塑造积极特质或是积极子人格。更确切地说，一个人在大约15岁之前，是可以通过外在环境的教育或心理干预来建立积极面对情绪的子人格的。这将会影响其一生。

意识和潜意识交互作用，让人格形成一个稳定的系统。人格会受到意识和潜意识在不同层面的影响。我们有时能清楚地知道自己行为的目的；有时则没有意识到这些行为的目的；有时我们以为自己知道，但实际上并没有意识到。意识和潜意识在我们的系统中此消彼长，即我们从一个受精卵到有记忆，我们所有的信息都填充在潜意识中，潜意识甚至还可以广义地指向人类共有的集体潜意识。然而，在我们开始慢慢有觉知后，信息便兵分两路——有的进入潜意识，有的进入意识。随着意识信息的增多，我们也开始主动或被动地解码潜意识中的信息（潜意识很有意思，它往往不是以直接的方式，而是用诸如梦等间接的方式来反馈我们的一些信息，所以需要我们解码和翻译），这样我们这个系统就能很好地操控潜意识和意识，以保护我们免遭伤害。

弗洛伊德将人的心理结构分为意识、潜意识、前意识。意识是我们能够觉察到的心理活动；潜意识包括人的本能冲动和出生后被压抑的欲望，这种欲望因为不被社会行为规范允许而得不到满足，从而被压抑到内心深处，意识不能将其唤醒，潜意识占绝大部分；前意识处于意识和潜意识之间，是一种中间状态，是那些我们虽然在此时此刻意识不到，但是如果能集中注意力、认真回忆、不断搜索，就可以回忆起来的经验。

"集体潜意识"是荣格分析心理学中的术语，指在人类的进化过程中，集体经验心灵底层的精神沉淀物，处于人类精神的最底层，为人类所普遍拥有。个体在一生中从未意识到它，它是经由遗传得来的。

就像小枫的案例所呈现的那样，当某一个信息不断地刺激我们的潜意识时，我们的系统中便开始逐渐形成子人格。例如：

- 如果一个人在儿时长期处于情感需求得不到满足①的环境中，他就很有可能形成缺乏自我肯定的子人格；
- 如果一个孩子总能看到父母的笑脸，他就很有可能形成阳光快乐的子人格；
- 如果一个人在遭受挫折时总能得到关爱和鼓励，他就很有可能形成勇敢

---

① 注意，情感需求得不到满足主要体现在主体的感受上，不见得是养育者真的没有付出全心全意的情感。可能是由于养育者不善于表达情感，使得主体感受不到爱，或是养育者给予的情感并非主体的需求，抑或是养育者本身就是爱的索取者，这都会导致主体不容易感受到爱。

自信的子人格。

这些子人格越早开始在主体内生根发芽，就越会根深蒂固地围绕在主人格周围，还可能会成为主人格的一部分。主人格除了遗传因素外，后天固化的子人格是其另一个重要组成部分。

就这样，我们形成了属于自己的独一无二的人格系统。我们稳定的主人格会随着意识和潜意识信息的变动，不断地产生新的子人格，而且有的子人格还会消失。当那些因创伤形成的子人格、根深蒂固的子人格，以及融合在主人格中的子人格受到外在信息刺激时，潜意识会联动性地激活这个曾经的创伤，于是我们就开始在潜意识内部翻江倒海地回味曾经痛苦的感受、情绪。可悲的是，我们的意识并不知道罪魁祸首就在那里，因此只能无奈地陷入痛苦之中。有时，我们不断地接受外在的正面刺激，形成了积极子人格，这个子人格稳定后还会取代一些消极子人格。于是我们会发现，或许我们的童年过得不是很愉快，但是目前的生活是幸福的，原因就在于，潜意识非常智慧地帮我们完成了人格重建。本书不仅能帮你疗愈受创伤的内在小孩，还能帮你重建内在小孩——一个积极、正面的子人格。

子人格的概念让"我"更鲜活、更有层次感

我之所以这样来谈人格系统，是想让你从微观的角度更清楚我们的内在世界发生的一切，包括情绪、感受、记忆。其实，人们在很久以前就已经开始给人的个性分类了。例如，在我国，人们会根据生肖动物的特质来定义这个属相的人会有的共性的个性特质。西方的星座也是同样的道理。像这样笼统地将人的个性划分为若干个大类，或是如今人们借助人格测试将人大致归为某个类型，并不能客观地、全面地诠释一个人独一无二的特

质，尽管人格测试也具有非常大的现实意义和临床意义。当人们根据每个人自身拥有的特质分别定义这些不同的子人格时，就会发现每个人都是多姿多彩的，每个子人格都是人们的一部分，人们赋予每个子人格一个定义：阳光、受伤、痛苦、自信、被抛弃、充满爱、无情、懦弱、善良、坚韧……所有这些部分组合在一起，就像春天的花园一样。

如果我们从微观的角度来看自己的内在世界，就会在某种程度上让那些曾被我们视为自己全部的特质变得微不足道。因此，我们会觉得抛弃它也没有什么，也不需要鼓起勇气，更不需要得到他人的支持和帮助，因为它只是一粒微尘——既然干扰了自己的生活，何不丢掉？

案例

阿雅是一个聪明、独立的女孩，有一份不错的工作。在外人看来，除了长相普通（或者说不漂亮）外，她其他方面都很完美。然而，她也正是因为自己的外观而感到自卑。在一次相亲时，对方嫌她长得不好，从此她就拒绝相亲了。在沉沦了一段时间后，她貌似走出来了，因为她决定攒钱去做整容手术。变得积极的她又重新散发出阳光般的魅力，这时，一个男孩出现了。这个男孩是她公司的客户，他非常欣赏阿雅，经过一段时间的接触后开始追求阿雅。阿雅对这个男孩也动了心，可是就在他表白的那一刻，她心里那个自卑、觉得自己丑的阿雅站了出来。面对男孩期待的眼神，阿雅选择沉默地离开了。没过多久，她就走进了我的工作室。

阿雅（以下简称"雅"）：老师，这个男孩会不会是因为工作上的合作才追求我的呢？等合作结束了，利用完我他就走了？还有，我该不该继续自己的整容计划呢？现在，我已经将做整容手术的钱攒得差不多了。

心理咨询师（以下简称"咨"）：在你的讲述里，我听到了两点。第一点，你想确认他是不是真的喜欢你，如果是这样，就证明其实你已经对他动心了，对吗？

阿雅有点不好意思，既没有承认也没有反驳。

咨：第二点，整容计划是否还要继续。我想，只要你想明白了第一点，那么第二点你就不再困惑了，对吗？

雅：是的，老师。可是，我该怎么办呢？我在工作中很果断，可是对这件事却感到不知所措。

咨：在沟通之后，我发现你有很多不同层面的特质，虽然你没有强调，但是在谈吐之间和行为上都体现了出来。不过，很遗憾的是，我觉得你好像忽略了它们。因此，我们一起来做个游戏吧！这个游戏很简单，但是能让你更好地认识你自己。

雅：好的。

咨：这里有10张空白卡片，请你在每张卡片上写下一个人的名字，这10个人可以是历史人物、影视剧中的人物、卡通人物，也可以是现实中的人物。前提是，这些人中一定要有你喜欢的人物和你讨厌的人物，如果你喜欢，那么你还可以加入中性人物——这个不强求。等想好后，就请填写在卡片对应的位置上。

以下我将简述操作流程，你也可以用大概四分之一张A4纸来制作卡片。

随后，我邀请阿雅说说她为什么喜欢某些人物，为什么不喜欢某些人物。然后，我和她一起整理出这些人物的特质，比如李清照，阿雅赋予的特质是才华横溢（建议列出这10个人物及其各自的特质，将有利于后续的理解）。

接着，我请阿雅说说这些特质在她的身上是如何呈现的。她惊奇地发现，她写出的那些人——无论是声名显赫的人，还是她在影视剧中超级喜欢的人，抑或是她很讨厌的人，他们的特质在她的身上竟然都存在着（这其实是心理学中的投射原理，即将自己的特点归因到其他人身上的倾向）。

然后，我帮她将那些她讨厌的部分做了转化。所谓"转化"，就是找到积极意义。任何事情都有两面性，即便我们定义它为积极的，它也有消极意义，这与古代哲学阴阳的理论相似。同样，就算是消极的部分，也有积极意义。因此，通过转化，就可以看见这个部分在我们内在的积极意义。至于要不要看见积极部分的消极意义，我觉得从心理疗愈的角度来说没有必要。而且现代心理学主张强化积极的特质，忽略消极的特质，即承认不好的事情存在但是不强化它，而强化积极的特质，从而使我们体验更幸福的生活。

具体要怎么转化呢？阿雅有一个消极的特质是狡猾，以下是我与阿雅的对话。

咨：狡猾让你想到了什么？

雅：善变、灵活（沉默，若有所思）……

咨：我觉得如果一个人狡猾，就要足够聪明和有智慧。

雅：（点头）还要很有弹性。

咨：嗯，是的。善变、灵活、聪明、智慧、有弹性，我们选择哪个作为"狡猾"的积极意义？

雅：智慧吧。

以上就是呈现不同子人格的方法。如果你了解萨提亚家庭治疗模式，那么你可以参考该方法；如果你不了解或是没有接触过这个模式，那么可以借助简单易操作的练习1来练习。

在我们呈现了不同的部分之后，接下来才是我们咨询的核心。我把10张卡片分别排列在阿雅的面前，每张卡片都代表着她一个层面的自己。

咨：我们刚刚通过这个小游戏，让你看到了自己不同的特质，也就是不同的你。这其实只是一部分的你，还有更多的你，你可以回家后继续探索。我们把这些不同的你定义为你的不同的子人格。不知你有没有发现，你有很多很好的特质，而且在你的这些子人格中，并没有"丑"这个子人格，也就是说，那个丑的自己并不是你的重要组成部分。

阿雅变得很兴奋，她好奇地看着这些卡片。

咨：你从中发现了什么？

雅：（哭泣，然后破涕为笑）老师，我有点激动，所以眼泪就不由自主地掉下来，你别笑话我啊！

咨：不会的，你的内心刚刚发生了什么事让你这么激动？

雅：老师，原来我一直以为优雅、坚韧、善良都是很正常、很普通的，正常、普通到我可以视而不见。然而，这10张卡片让我重新认识了自己。你说得没错，这些卡片中并没有丑的自己，可为什么我表现得那么重视自己的外貌呢？

咨：我举个例子。你在煎鱼的时候，一个小油点溅到你的手上，此时你会有什么感觉？

雅：手很疼，而且要是油温较高，就会疼很久，还会起泡，不容易恢复。

咨：那个时候，你是不是把所有的专注力都放在了你手的疼痛上？但是，你能在这时说全身都疼吗？

雅：肯定不能呀！

咨：那个相亲的人说你长得不好看，就像这个小油点烫伤了你的皮肤，让你感觉很疼，但这又不是什么很严重的伤，没有必要去医院。可是，它折磨着你，让你忘记了你身体上有更多、更好的地方。过了一周，这个伤口的痛感渐渐消失，皮肤开始结痂。又过了一段时间，它在你的皮肤上留下痕迹，成了你身体的一部分，可是你能说自己残疾了吗？你所有的生活、工作的各种功能都没有受到任何损害，甚至即便是你被烫伤的那天，你也可以完成煎鱼这件事，对吗？

雅：嗯，是的，是这样的。

咨：所以，长相的问题确实在那个时间点对你造成了伤害，可是在你开始正常生活以后，你的潜意识知道，你的外观不理想只是你的一部分，并不是你的全部。正因为外观不理想对你的生活而言毫无意义，所以你的潜意识忽略了外观这部分。然而，你的意识却受着思维定式的影响，"自己长得不好"这个观念一直在你的大脑中打转。

雅：好像真的是这样！这段时间，我在工作和生活中确实没怎么考虑自己长相的问题，而是一直都在努力攒钱，因为我想去做整容手术。如果没有这个男孩，我可能就不知道为什么要去做整容手术了，或许去了美容院才会意识到吧。

咨：你的悟性不错。在你意识到这些后，又对你产生了什么影响呢？

雅：我看到了自己——不同的自己，有这么多优点的自己，这真是一件幸福的事。我这么优秀，那个男孩是不是都有点配不上我了？哈哈！算了，看在我还有个不怎么漂亮的缺点上，就屈尊答应他吧！

练习 1　觉察自己的子人格

你可以借助子人格觉察卡（见表 1-1）及文中介绍的方法来觉察自己的子人格。

表 1-1　　　　　　　　　　子人格觉察卡

人物	
喜欢或不喜欢的原因	
人物的特质（形容词）	
这些特质是否在你的身上有呈现，是如何呈现的	
转化	

内在小孩是子人格的隐喻

我们把因受到外在环境因素影响而形成的子人格隐喻为内在小孩。有多少子人格，就有多少内在小孩。子人格形成的过程，就是内在小孩形成的过程。

因此，内在小孩可能是因过去的创伤而形成的，对我们影响最深的创伤是那些被我们的记忆隐藏起来的故事。我们透过留存在躯体中让自己备受煎熬的痛苦，感受到那个受创伤的内在小孩的存在。

内在小孩也可能是过去我们未完成的期待、心愿、想法、幸福或欲望。随着时间的推移，曾经的期待如果在后来没有实现，就会在我们的内心引起强烈的激荡。如果它一直都无法实现，且我们又产生了新的欲望，那么之前的期待就会被忽略，从而在我们的内心形成情结。我们对这个情结有多执着，这个内在小孩就会有多倔强！

内在小孩还可能是我们曾经那颗没有被尘世浸染的心灵，他圣洁、纯真，还很爱玩。他拥有无限乐观的力量，但是如果那些痛苦和倔强的内在小孩不停地在我们的脑海中翻腾，他就会被遗落在角落里。

因此，内在小孩是对过去创伤经验的隐喻，是对过去未完成的事情的隐喻，是对童年未受创伤的自我状态①的隐喻，是对一种超越的自我存在状态的隐喻，也是对从受伤到康复的疗愈过程的隐喻。这些其实都是基于生存的需要，在生命的某个时刻留存的行为、感受或想法的整体，即子人格。有人将子人格作为内在小孩的第五种隐喻，但是我认为子人格的隐喻涵盖了上述几种概念。

如果将内在小孩作为子人格的隐喻，你就会发现，某一个点的隐隐作痛或许是某个内在小孩出了状况，需要我们停下脚步去关照他，而不是抨击他。事实上，这既不是过去的你的错，也不是爱你的人和你爱的人的错，而是在那个时间点上，那个内在小孩被忽略了。

你会发现，你内心的冲突来自几个内在小孩的争吵。这时，你就要耐心地听他们讲述他们的理由，然后与他们讲和，而不是让自己困在冲突里。

你会发现，当你在生活中遇到难处时，可以在你的内在找到那些充满力量的内在小孩，给予你的内心无限支持与力量。

---

① 指的是隐藏于心中的那种自发的、爱玩的、天真的心情。米西迪（W. Hugh Missildine）认为，随着我们不断长大、不断地社会化，我们开始嫌弃内在小孩，逐渐与内在小孩分离，最终造成情绪问题，因此治疗的核心目标就是"找回童心"。

你还会发现，你不是孤独的。一个人的孤独感来自不能与自己相处，内在小孩能让你看到自己，并学会和自己在一起。

这样看来，将内在小孩作为子人格的隐喻对于人们来说具有积极意义。作为一个成熟健康的人，疗愈过去的创伤、恢复自发与纯真本性、接受指引与社会化训练，都需要有所成长，而内在小孩恰恰是有助于人们成长的。

本书将从童年的创伤、情绪的记忆、未完成情结、重建内在小孩这几个侧面介绍内在小孩疗法，最终让你疗愈童年创伤，与内在小孩讲和。

第 2 章

来自童年的创伤

生命中注定会经历伤痕与绽放,因此你才独一无二。

02

众生平等。在这个世界上，没有哪个个体能逃开创伤。也正是因为经历了创伤，才成就了每个独一无二的生命。

对个体而言，不同创伤的意义是不同的；在生命的不同阶段的创伤，对个体的意义也是不同的。如果一个人从生命的一开始经历的创伤微乎其微，随着年龄的增长，创伤的严重程度一点点增加，那么这个人成年以后几乎不会出现太大的心理问题。即便在成年后经历更大的创伤，他也能应对。这其实也在告诉我们，在成长的不同阶段经历与之相匹配的创伤是具有正面意义的，有助于我们应对未来无法避免的、新的创伤。这与脱敏疗法很相似，有助于我们成年后可以从容面对生活中的负性事件。然而，世事难料，每个人的生命轨迹都并非如此标准化，总是要出其不意地经历些什么才显得精彩。

童年创伤之所以在心理学领域受到重视，主要有以下两个原因。

第一，人们在童年时期经历的这个年纪本不该经历的创伤，会对人们的一生产生巨大的影响。比如，一个六个月大的婴儿在看到父母争吵时，他可能会很好奇；如果看到父母之间发生了激烈的肢体冲突，他就会极度恐惧——他不是担心妈妈，而是害怕自己遭遇不测。这个令他极度恐惧的场景，会在他心中内化成一个恐惧的内在小孩，这个内在小孩可能会害怕暴力，也可能会因恐惧而变成施暴者或受暴者。当然，关于家庭暴力对其他家庭成员的创伤影响远远不止这些。相对而言，20岁后第一次经历父母激烈争吵、厮打（有家庭暴力倾向的人通常不会在这么久以后才会显现，此处仅仅是为了举例）的人一定会用成年人的方式解决这场"战争"，而不是恐惧地看着一切发生，进而让恐惧内化。同时，一个成年人的内心并不会形成如此强烈的恐惧。

第二，也是很重要的原因，童年创伤会发生在每个人的人生轨迹中，只是有的人知道自己受到了创伤，有的人不知道自己的那些经历其实是创伤。正是因为那些被隐藏起来的重大创伤时不时地在人们的内心翻江倒海，所以当下心理的苦恼都可以溯源至它们。

案例

吴峰是一个不仅外表看起来很阳刚，而且言谈举止也非常有男子气概的男人，因为受密集物体恐惧症的困扰而找到我。

吴峰（以下简称"峰"）：老师，对密集物体的恐惧已经严重影响我的生活了。我不敢在早晚高峰时段坐地铁，因为那个时段地铁里都是人，尤其是在进站下楼梯的时候——放眼看去，都是人头，那种感觉太恐怖了。

心理咨询师（以下简称"咨"）：哦，这真的很让你痛苦，这样的状态持续多长时间了？

峰：具体时间记不太清楚了，但是好像感觉一直都很害怕密集的东西。

咨：那么，这种感觉影响你的生活有多久了？

峰：得有两三年了吧。当时，我们单位新来了一位女领导，她总是喜欢穿带有密密麻麻的点点图案的衣服，我看着特别不舒服。有一次，我把给客户的文件弄丢了，她把我叫到她的办公室里训了我很长时间，当时她穿了一件黑底白点的衬衫。大概从那以后，我就更害怕密集的东西了。

我决定用系统脱敏的方法来帮吴峰处理恐惧的问题，然后再帮他看看是否有更早的创伤。如果这样处理就能够让他恢复正常生活，那么后续则取决于他自己——是继续寻找还是到此为止。

咨：嗯，了解。那我想知道在这两三年里，最让你感觉恐惧的一次是什么时候。

峰：可能就是领导穿黑底白点衣服训我的那次吧。现在提起，我仍然觉得有点受不了，真的（开始搓手，然后在衣服上蹭了几下，大概是为了擦掉手上的汗）。

咨：好的，了解。我很高兴你能够突破自己，还能较为从容地在我面前再次提及这件事情。我想你之所以能够克服自己这么大的心理障碍，是因为你很希望我们能一起去解决恐惧这件事。

峰：是的，老师。

咨：接下来，你可能会感到很痛苦，但是请相信我，相信你自己，也相信我们能够很愉快地合作，然后干掉"恐惧"这个家伙！

我先引导他进入最恐惧的状态，这样开展咨询往往比较容易。然而，吴峰并没有按常规"出牌"。

峰：老师，我现在眼前的不是那位女领导，好像是小时候在乡下的奶奶家。

咨：嗯，很好，继续留在这里，还有什么？

峰：地上有很多蚂蚁，越来越多，它们爬到我的脚上了。老师，我好害怕（像一个小孩似的绝望地哭泣着）。

咨：很好，我会在这里保护你，告诉我还发生了什么？

峰：我被母亲扔在院子里，很久都没有人管我，我就站在院子里的大树下等，接着我看见大树上有很多蚂蚁，我就用手抓了一下蚂蚁，然后蚂蚁爬得到处都是，密密麻麻，密密麻麻，密密麻麻，好恐怖啊，老师！

咨：很好，我就在这里保护着你。接下来，请你深呼吸，大口吸气，然后吐气……

我继续引导他，直到他平静下来。

咨：我觉得你的密集物体恐惧症可能跟童年经历的某些事情有关。这些事情在现在看来可能并不是很严重或是具有多大的伤害性，但是在那个时候确实让你经历了痛苦。在此，我想到了两个方案。具体实施哪个，我需要征求你的意见。第一个方案是，我们借此机会帮你疗愈这个创伤。这样做的好处是，可以从根本上解决密集物体恐惧症的问题；坏处是接下来你的感受可能会更糟糕，但是这个状态是暂时的，治疗结束后，一切就都好了。第二个方案是，我们借助系统脱敏单纯地处理你的恐惧问题。当你可以直面创伤的时候，我们再来疗愈这段经历。这样做的好处是，你在接下来不会那么难受；坏处是这个创伤会一直存在于你的内心深处，不知道什么时候又会来找你的麻烦。无论你选择哪个方案，我都会尊重你的意见。

峰：老师，我相信你可以帮助我，我下定决心来找你就是希望对密集物体的恐惧不再影响我的生活。所以，希望老师能带着我走出来。

于是，我们开始去面对他经历的这个童年创伤。

咨：好的。现在，请回到乡下奶奶家的院子里，你的脚下是密密麻麻的蚂蚁，你被它们包围了，请你告诉我，你当时几岁。

峰：四岁。

咨：很好，你来到这个院子之前发生了什么？

峰：爸爸和妈妈吵架，然后妈妈抱着我跑到奶奶家。奶奶家里没有人，她把我锁在院子里后就走了。妈妈不要我了，她把我扔了（开始流泪，表情变得非常害怕和恐惧）。①

原来在吴峰小的时候，他的父母吵架，母亲担心伤到他，就把他抱到离家不远处的奶奶家。当时奶奶和爷爷在田里干活，没在家。母亲放下他，让他在这里等奶奶回来。然而，当时尚且幼小的他并不知道缘由，未经世事的他认为是母亲不要他了，所以他恐惧的不是密集的蚂蚁，而是"被抛弃"的感觉。当他正对"被抛弃"感到恐惧时，密密麻麻的蚂蚁出现了，替代了"被抛弃"的感觉。这样，潜意识就轻松地欺骗了他的意识——我不是被抛弃了，我并没有对"被抛弃"感到恐惧，我恐惧的是密密麻麻的蚂蚁，我没有受伤。这就是潜意识以自欺欺人的方式在保护着他，因为被抛弃是更让他无法面对的事情。

本次咨询结束后，吴峰给母亲打电话询问了这件事，但母亲已经不记得了。虽然母亲当时这么做是出于对孩子的保护，避免父母激烈争吵带给他不可估量的创伤，但母亲忽略了四岁的孩子面对无人照看的孤独时刻，这对孩子来说也是创伤。吴峰因此产生的对"被抛弃"的恐惧，已超出了他当时对负面感受和情绪的承载度，"被抛弃"的经历便在其潜意识中被转化为创伤事件。

---

① 请注意，吴峰在此时是用四岁孩子的语言来表述这件事。

关于心理创伤

精神分析理论认为，当刺激能量过载并超过精神装置的容忍度时，精神装置将无法释放刺激，无法依循恒常原则消除刺激，从而对精神层面产生穿透性的破坏，导致精神能量运作持久紊乱，使得精神组织中出现持久的致病效应。其实，这就是吴峰的案例所表述的内容。不同的是，这个观点泛指人类的各个年龄段，而吴峰的案例是童年期的心理创伤。

心理学对"心理创伤"的定义是广泛的：它可能是我们面临的各种可怕事件的威胁，比如重大事故；可能是医学意义上的重大疾病，比如癌症；可能是童年遭受的身体虐待或性侵犯，或目击这类事件；可能是成年后遭受的身体虐待或性侵犯；可能是经历战争、参与特殊警务任务等极可能暴露在暴力与灾难下的特殊职业经历；可能是遭遇构成生命威胁的剧烈的自然灾害。通常而言，上述任何一种创伤对于经历过的人的心灵都会造成极大的冲击。创伤后应激障碍（PTSD）就是指部分经历创伤事件的人所产生的心理障碍。这种障碍会给人带来痛苦的折磨：创伤体验反复出现，有时是以梦的形式，有时是身临其境般的闪回；任何跟创伤有关的或者有相关象征意义的事物、人，都会让他产生强烈、持久的心理痛苦；认知和心境方面的负性改变，表现为焦虑、抑郁、恐惧和睡眠障碍等；更甚者会出现分离、人格解体、现实解体等类似的精神症状。此外，还有一种创伤后应激障碍的症状，即幸存者综合征，更是让患者体验到了无尽的悲伤——所有人都在创伤事件中死去了，只有自己活了下来，他并不认为自己是幸运的，而只会对自己还活着怀有深深的内疚感！

人在经历了创伤事件后，都会在情绪、感受、行为上出现一些负面反应。如果一个人并没有出现急性应激障碍，那么通常建议观察而不是立即给予干预，因为人的身体具有自愈能力，若立即干预可能会增加患 PTSD 的概率。一般而言，这些症状在六个月左右就会消失。如果这个人在六个月后还不能恢复正常生活，且那些症状还是如噩梦般地存在甚至更加恶化，或者应激症状持续超过一个月，那么此时就需要对他进行心理干预甚至是精神医学的干预了。

如果一个人在经历创伤事件后立即出现麻木、疏离、现实感丧失、自我感丧失、解离、噩梦，经常想到创伤事件，以及瞬间重历其境等部分乃至全部症状，并持续三天到一个月，就可以被诊断为急性应激障碍。大多数急性应激障碍发作时，这些症状会在持续一段时间后自然消失。如果症状的持续时间超过上述所说的期限，就需要对其进行必要的心理干预甚至是精神医学的干预了。

关于心理创伤，备受关注的是童年创伤。我们将从以下几个方面来说说童年创伤。

创伤的承载度

我们的心灵或者我们的潜意识是一个非常奇妙的运作系统。我们会在经历负性事件、负面情绪的时候，根据自身的需求，在系统内对其慢慢地分解、解构，甚至是重新构建，从而使我们从负性事件、负面情绪中恢复常态。

一旦创伤超过了我们的承载度，就会在上述流程中出现一个或多个断层，这会让其中的一个或多个步骤无法完成，让我们无法从负性事件、负面情绪中恢复过来。

我用一个量化的范例来说明这个维度，以便你更容易理解。让我们先为事件对我们心灵的伤害度打分（10分代表伤害最大，1分代表伤害最小），再为不同个体心灵能承载的伤害度打分（10分代表伤害最大，1分代表伤害最小）。

接下来，我把1千克大米的重量比拟为1分的伤害度；10千克大米的重量比拟为10分的伤害度。

一个健康的成年男性可以毫不费力地拎起10千克大米一口气爬五层楼，因此我把这个健康成年男性的心灵对创伤的承载度比拟为10分。

一个5岁的小孩用些力便能拎起1千克大米走一段距离，因此我把这个小孩的心灵对创伤的承载度比拟为1分。

如果我们现在让这个5岁的小孩来拎3千克或者5千克大米，那么他可能会拎不动。因为以他的能力只能拎起1千克大米走一段距离，超出这个重量就会让他难以承受。

通过这样一个形象的比拟，或许你就可以理解为什么童年创伤会对我们产生重大影响了。我们设想一下，如果一个健康成年人的母亲告诉他，在院子里等奶奶回来，那他一定会在院子里玩得不亦乐乎，或者找个舒服的角落自娱自乐一番——睡睡觉、赏赏花。对于一个健康的成年人来说，这怎么能算一个创伤事件呢？

然而，对于四岁的吴峰来说，他不明白母亲的用意，并认为自己被抛弃了，自然更是无法独自应对这个情景。万般恐惧之下，密密麻麻的蚂蚁出现了，它们成功地转移了他的注意力和对被抛弃的恐惧感，于是他重新建构了这段记忆——母亲是爱我的，我害怕的是密集的东西，不是被抛弃，我怎么会被抛弃呢？

之所以每个人都会在童年期受到或多或少的创伤，是因为成年人无法准确掌握孩子对创伤的承载度。换句话说，有些事情在养育者看来算不上伤害，但儿童体验到的则是伤痛，于是便在其幼小的心灵种下了创伤的种子。

例如，童年时，你的父亲因为工作不顺利而在一次喝醉酒后无缘无故地训斥了你一顿，这可能导致你在成年后会莫名地恐惧权威或反抗权威。又如，你在幼儿园午睡时尿床了，老师批评了你，于是你对这件"耻辱"的事情一直耿耿于怀，从此无论做什么事情之前都要去厕所，不管是否有如厕的想法。

虽然生活中的这些偶然事件在无形中给我们带来了童年创伤，但是这些创伤也并非只具有负面意义。如果我们经历的这些创伤对我们生活的影响微乎其微，即不影响我们的正常生活，那么这就是创伤度与承载度的关系问题。大部分人的童年创伤都属于这类创伤，这让我们痛并快乐地生活着。

心理学家认为，每个人在童年都经历过各种创伤，人们会从中学习以顺利应对外界的压力、负性事件和负面情绪。创伤对人的成长是有正面意义的，但是这种创伤必须是在其心灵对创伤的承载度以内或者仅超出一点。比如，五岁的男孩可以拎起 1 千克大米走一段距离；他可能会吃力地拎 1.5 千克的大米，且能体验到自己做到后的成就感。当他可以不再吃力地拎起 1.5 千克大米且觉得很平常时，我们可以试着让他拎 2 千克大米，他会在付出努力后再一次获得成就感。

创伤承载度的不同，除了跟个体的年龄有关，还与遗传生物学因素有关。比如，有的人对创伤的承载度比普通人低，在他面对同样的负性事件时，可能会觉得自己承受了更大的创伤。个体通过遗传，从自己家族的基因以及重组后的基因中获得了较低的承载度。也就是说，如果一个人的父亲或母亲及其他直系亲属有严重的心理问题（如抑郁症、边缘型人格障碍等），那么他家族基因中就存在低承载度遗传因子；此外，虽然父母双方家族没有这类心理或精神类疾病，但是基因组合后就有了。生存环境也会影响创伤承载度。如果一个人没有从小生活在可以习得正性处理创伤的环境，他的创伤承载度就不会随着年龄增长而扩容。这可能来自养育者的低承载度，也可能来自养育者的过度保护。

创伤可能是因主体感受与养育者给予的差异造成的

在现实生活中，每个人都是在父母或养育者的"创伤"下长大成人的。为什么这么说呢？原因有二。

第一，父母也是人，他们的内心也住着内在小孩，他们也有自己的感受和情绪，无法时时刻刻、无条件地满足孩子的需求。父母可能觉得这样做对孩子没有什么，但对于年幼的孩子来说却可能是伤害。例如，一对夫妻要离婚，觉得没必要在孩子的抚养权上争执。他们决定尊重孩子的意愿，让他自己决定跟谁生活。然而，这会让年幼的孩子感到自己无论选择了谁，都意味着被另一个人抛弃了（尽管我们需要辩证地来看离婚这件事，但是总体来说，对于大多数家庭，离婚对儿童都是一个创伤事件）。

第二，父母都是从自己的成长经历出发，认为自己的所作所为都是对孩子有利的，但这些未必是孩子实际需要的。例如，一个成绩优异的孩子希望成为一名漫画家。虽然父母给他报了美术兴趣班，但从他们自己认知的角度，认为这只能作为兴趣爱好或特长来培养。孩子的班主任也认为，以他的成绩可以走文化课的路线。于是，孩子渐渐在学习中体会不到乐趣，成绩慢慢下滑，还出现了抑郁的症状。父母的做法使得孩子觉得自己被忽视了，从而形成了隐匿的创伤。

从上面两个原因中，我们也能看到，一个人在童年的成长经历中，他内心的需求与养育者所给予的是有差异的。童年创伤形成的一个重要条件就是人自己感受不到父母的爱与尊重，父母却认为自己付出了全部。

童年期经历的严重的创伤性事件

严重的创伤性事件的确会给人们的身心带来巨大影响，甚至会让有些人终生承受痛苦。

严重的创伤性事件是那些真正威胁到生命、严重的创伤和性暴力等事件，主要包括：（1）源于社会的重要心理创伤，比如地震、战争、大范围的疫情、有较大社会影响的危机事件等；（2）源于成长中重要的心理创伤事件，比如：

- 经历生命中的重要丧失，如失去地位、财产、婚姻、亲人和自由等；
- 经历暴力事件，如被强奸、抢劫、殴打、作为人质，以及经历战争、恐怖事件等；
- 经历意外事故，如交通事故、火灾、矿难等。

严重的创伤性事件连成年人可能都招架不住，更何况是孩子，很可能会瓦解其精神系统。心理学研究发现，那些重度心理障碍（如重度抑郁障碍或双相情感障碍、边缘型人格障碍等）患者，大多经历过严重的创伤性事件，或在童年经历了虐待。创伤性事件中的感知觉的、情绪的、叙事的内容都会零碎地、不完整地储存在全身上下所有的细胞里。因此，人们总是会被凌乱的、片段的创伤记忆干扰，进而导致严重的心理障碍。然而，有些"创伤"是可以避免的，比如儿童虐待。这是让人们愤怒且令人发指的虐待行为。童年期虐待包括但不限于：儿童期的性侵害、性虐待；发生在儿童身上的家庭暴力或者儿童目睹重要养育者被家庭暴力。虐待儿童事件多数是至亲或熟人所为，因此这类虐待事件又不容易被发觉。

消极虐待

与上述严重的创伤性事件相比，人在儿童期经历的消极虐待则没那么容易被觉察，但它同样会影响人们的身心健康。消极虐待是相对积极虐待而言的。积极虐待是那些法官能发现、判断及干预的虐待行为，从殴打、凌辱到各种程度的性骚扰、强奸等。

消极虐待是指父母一方或双方因为太专注于某些事物而无法满足孩子在情感、心理或物质上的需求。遗憾的是，很多父母至今都没有认识到这个问题的严重性，更不用说觉察了。例如，有的人身体莫名地疼痛，去医院检查又无法确诊实际的病症，有时会被诊断为分离障碍或疑病症，但是他所表述出来的行为又不足以构成那些障碍的诊断。这其实就是他在童年遭受消极虐待的一种表现，童年被冷漠对待的孩子会在身体上杜撰出一种痛的感觉，即父母打他的痛感，这使他相信父母在关注他，而不是冷漠和无视他。成年后，这种痛感就像真的痛一样了。

对于儿童来说，遗弃也是一种消极虐待。遗弃不仅仅是父母有意不要这个孩子了，更多的是指以下某种意义上的遗弃。

- 父母离异。即便再和平的分手，对孩子来说也是一种遗弃。
- 父亲或母亲一方因为工作等原因长期不在家，如父亲因驻外工作而长期不在家等，这对孩子来说也是一种遗弃。

- 童年失去父母中的一方或双方。被动的遗弃对孩子来说，再好的养育者也无法弥补失亲的创伤。

有些遗弃可能是父母不得已而为之，但是在孩子的潜意识里，不管原因是多么迫不得已，遗弃就是遗弃了，因此带来的创伤已然存在。

父母长期漠视孩子，也是对孩子实施了消极虐待。通常这很难让人回忆起，也很难被定义为虐待。比如父亲下班回家后窝在沙发上想看看手机放松一下，这时孩子兴奋地跑过来向他展示在幼儿园画的画，父亲就不耐烦地说"去，一边待着去，爸爸太累了"。长此以往，就可能会给孩子带来创伤。

此外，如果父母太过理性、无法满足孩子即时的情感需求，或是父母之间缺乏爱，抑或是父母中的一方或双方患有抑郁症等，都可能意味着孩子正处于消极虐待中。

有的父母可能从来没有大声恐吓、责备过孩子，但是也很少会夸奖、鼓励孩子，这就属于一种消极的言语虐待，使得孩子的世界里没有欢乐，也没有被接纳。

不过，尽管消极虐待带来的创伤具有较强的毁灭性，但并不是百分之百无法修复。这类创伤的多数受害者都可以通过接受心理干预获得康复，而且部分受害者即使不接受任何干预也可以自行康复。

与前文提到的偶发的、严重的创伤性事件造成的童年创伤相比，消极虐待对人的负面影响远远大于偶然事件。消极虐待是给个体造成全面的负面阴影，而偶发的、严重的创伤性事件只是在某个点对个体产生负面影响；消极虐待可能造成个体稳定人格的改变，偶发的、严重的创伤性事件更可能会造成个体在某类状态下情绪不稳定。

无论是自己亲身经历的创伤还是目睹主要养育者经历重大创伤，或者知道创伤事件发生在自己父母或其他养育者身上，无论是无心之举还是有人故意而为之，我们在成年后能做的就是有选择地修复创伤。只有从内修复心理创伤，才能让生命重新启动能量。这也是本书所讲述的修复创伤，解放固有思想与行为，然后与你的内在小孩讲和的方法。

受创伤的内在小孩的形成

如果一个人经历了童年创伤，就会在其内在系统中形成相应的子人格。它可能是稳定的，也可能是不稳定的。我们把这样的子人格称为"受创伤的内在小孩"。

受创伤的内在小孩仿佛承担了主体所有关于创伤的痛苦，这样主体就可以免受创伤带来的痛苦。然而，承担了一切受创伤的内在小孩会在煎熬中不时地向主体求救，求救的方式就是释放痛苦让主体感受到他的痛。因此，受创伤的内在小孩是非常矛盾的：一方面，他承担了痛苦，保护主体免遭重创；另一方面，他又需要主体关注到他的痛。在这种矛盾的博弈中，主体会感受到一步步坠入深渊的痛苦。

案例

陈晨是我在内在小孩疗愈工作坊上认识的女孩。在引导团体寻找内在小孩（我将在第4章介绍如何寻找内在小孩）的时候，我发觉她的肢体显示出她曾经受过强烈的创伤的反应。引导结束后，我开始询问每个人的内在小孩，到了陈晨这里，她的回答让我决定改变课程方案。

心理咨询师（以下简称"咨"）：说说你刚才感知到的内在小孩是什么样子的。

陈晨（以下简称"晨"）：老师，我刚才什么都没感觉到。

咨：嗯……我看到你的身体在挣扎，所以我想知道你发生了什么。当然，如果你不想在团体里说，也可以私下跟我说。

晨：老师，我有没有在喊？

咨：哦，这倒没有。

晨：老师，我晚上睡觉时常常会这样，有时还会喊。

咨：那你是怎么知道自己睡觉的时候会出现这种情况的？

晨：我父母告诉我的。

咨：哦，那你知道当时发生了什么吗？是做噩梦了，还是发生了什么其他的事？

晨：不知道，也许是做噩梦了吧。这也是我来参加这个工作坊的原因。我真的不知道刚才以及每天睡觉的时候为什么会大喊、乱动。这已经影响到我的睡眠了，而且我因为睡眠不好，情绪状态也不好，前两年还被诊断为双相情感障碍。

咨：哦，谢谢你信任我们的团体，与我们分享了这么多。你愿意多跟我说说关于你的事情吗？这样我或许可以更好地帮你，因为你来参加这个工作坊也是为了帮助自己。

我隐约感到，她可能曾经历过重要的创伤事件，虽然之前设计的课程方案里并没有接下来的内容，但是她在此时把自己的状态呈现给我，或许是她的潜意识在指引她找到处理自己创伤的路径，而我可能就是她的一个契机。因此，我想在尊重她的基础上，试着帮助她。

晨：老师，我真的不知道了。

咨：如果接下来我想帮助你找到答案，你愿意吗？

晨：我愿意，老师。这件事已经折磨了我好多年，我无法控制自己的情绪，我需要不停地吃药。所以，我非常想解决这个问题。

咨：好，我了解了。稍后我们将一起在你的潜意识里开展一段内在工作。在这之前，我想跟你确认一下，你希望从这个过程中获得什么？

晨：能够好好地休息，晚上不再挣扎、嘶喊，可以情绪稳定，不用再吃药了。

咨：什么时候可以停药以及如何停药，这需要由你的医生来确定。

晨：嗯，知道了。

咨：我想再次跟你确认，接下来我们将要和你的潜意识一起工作，你在这个过程中或许会感到更痛苦，但是这有助于你疗愈，你愿意继续吗？

晨：（想了想）老师，我愿意。

接下来，我引导她进入刚刚挣扎的状态，然后开始提问。

咨：告诉我，你看到或是感受到了什么。

晨：血，血，到处都是血，到处都是，好恐怖……（她开始全身颤抖）

咨：非常好，你在这儿是安全的，我会全程保护你。继续感觉一下这里还有什么。

晨：（稍微安静了一会儿）一辆白色的面包车和一辆摩托车。

咨：非常好，记住，你是安全的。告诉我，你在哪里，在做什么？

晨：我的头好痛。

咨：那些血是你的，还是谁的？

晨：不是我的（开始哭泣……），是我同学的，他流了好多血，快救他……

咨：很好，告诉我接下来发生了什么。

晨：一个男人扶我坐起来，他应该是拨打了120，我拼命喊我同学的名字，张宇，张宇，张宇……

咨：记住，你是安全的，告诉我接下来又发生了什么。

晨：他一点反应都没有，都没有……（开始有点声嘶力竭）医生，还有医生，他们抬走了张宇，抬走了。

此时她的情绪非常强烈，我也知道了在她的人生中发生过重大事件，而且张宇很有可能已经过世了。

咨：陈晨，请你睁开眼睛，看着我，你对刚才那个场景还有印象吗？你悲痛的感觉让我觉得这好像是真实的事件，而不太像一个梦境。

晨：初三毕业后的一天早上，不知道发生了什么，我是在医院里醒来的。醒来后，我发现我已完全不记得从中考结束到在医院醒来的早上之间发生的所有事情。我问我的父母我是怎么了，他们也只是说没什么。老师，我感觉张宇死了，是真的吗？初中毕业后，他就再也没有跟我联系了，我一直以为是因为我没有考上重点高中，他不喜欢我了，所以不跟我好了，也不联系我了。我一直认为我这么多年的疾病是因为这段感情——张宇抛弃了我，所以我非常恨他，甚至想过一旦我找到他，必须把他骂个狗血喷头！老师，你告诉我，张宇是不是死了，是不是？

陈晨的情绪进一步崩溃。这些年她一定过得很苦，或许没有倾诉过感情的创伤，毕竟那个时候的恋爱还被定义为"早恋"。不过，为了避免看到这一切，她选择了遗忘。这就是创伤后应激障碍的一个症状——解离。

待她的情绪稍微稳定了一些，我希望能与她的父母通个电话，或许能了解更多信息。

咨：这些事情，你的父母有没有跟你说过呢？

晨：没有，他们什么都没有说。有时我会问他们初中毕业那一年发生了什么事，他们只是说我当时重感冒发烧，后来就忘记了一些事情。

咨：或许今天就是一个契机，能帮助你疗愈内心的痛。我们意外地发现了一些信息，既然这些信息呈现出来了，那么不管它是真实的还是虚构的，我们都有必要在今天做一个了结。因此，我想跟你的父母通一个电话，不知道可不可以。

晨：可以的，给我父亲打电话吧。（拿出电话，给她的父亲打电话）爸爸，我想问你个事情，初三毕业那年，我是不是出了车祸？

陈晨父亲（以下简称"晨父"）：你问这个干什么啊？初三那年没有发生什么大事。孩子，你好好工作，不要胡思乱想。

我知道，为了保护女儿，陈晨父亲觉得女儿既然已经忘记了，就还是不要想起来为好。然而，一个人选择忘记创伤是为了保护自己暂时不受其冲击，但是只要创伤没有得到疗愈，就会一直折磨着他。

咨：（接过陈晨的电话）叔叔，您好，我是陈晨的心理咨询师。我们刚才发现，陈晨似乎总是在噩梦中经历同一个情景——一个到处是血的车祸现场，而且当时应该还有一个男孩伤得很严重。跟您联系，是为了让我更好地帮助您的女儿陈晨。

晨父：（哽咽良久）不好意思，让您笑话了。我想您会帮助陈晨的。她这几年过得不怎么好，本来就没有考上重点高中，因为受那件事情的影响，高中时的成绩也非常差，中途还休学一年。最初，她从医院里醒来就忘记了那件事，我们以为她能忘了更好，忘了就不会难过了。因此，为了让她能够彻底忘记那件事，我们就一直瞒着她。后来，她在高考时的成绩也不理想，在读大专的时候，因为自杀被送到医院，医生说她患上了双相情感障碍，这段时间需要好好看护。

答：哦，这样啊！那么，她说的那个男孩呢？

晨父：（沉默了一会儿）那个男孩叫张宇，是我女儿上初中时的男朋友，我们都反对，张家也反对，孩子都太小了，要以学习为重，将来大了再说。可是他俩非常叛逆，经常说"你们不同意，我俩就偏要在一起"。初中毕业后的一天，张宇骑着他爸的摩托车，带着陈晨出去玩，刚从村口的路冲上马路，就被一辆面包车撞了。陈晨被甩了出去，受了点皮外伤，但是那孩子……（哽咽）没有被抢救过来……

这真的是一个很痛、很悲伤、很绝望的故事。不是背叛，但比背叛更可怕。如果是背叛，那么至少知道自己恨的那个男孩还好好地活着。这真是无可替代的丧失！

当陈晨从她父亲那里知道了事情的原委，几乎悲痛欲绝。我想这里面有着非常复杂的悲伤：曾经以为是男孩背叛了自己，便在意识层面表现出深深的恨。而现实是，男孩已经死了，还有什么比亲眼看见自己心爱的人死去更悲伤的？陈晨宁愿认为是男孩抛弃了自己，于是她的潜意识把这个丧失包裹起来，包进一个受创伤的内在小孩里，这样虽然痛苦，但还不至于被击垮。很难想象如果陈晨没有遗忘，她这几年会过上什么样的日子——是不断闪回创伤片段，还是会产生幸存者效应？

创伤分化成了一个新的子人格，表明这个创伤对"寄主"的影响是极其深刻的。随着时间的推移，这个游走在边缘的子人格一点点渗入"寄主"的心灵并扎根于此，看似独立，但是其内在的根系却联结在主人格上。这时，"寄主"的主人格系统就会发生变化，即受创伤的内在小孩成了主人格的一部分。因此，经历了创伤的人开始慢慢出现情绪方面的障碍，并且表现为常态化的状态。

情绪障碍变为常态化，意味着你那个承担了一切的内在小孩已经开始无法承受这些创伤，他声嘶力竭地向你求救，可是你或许感觉自己无能为力，于是选择继续承受这样的折磨；或许是选择忘记真相，忽视那个受创伤的内在小孩。然而，成年的你其实已经可以从成年人的视角来应对创伤以及面对创伤的后果了。

在陈晨的案例中，创伤以记忆丢失的形式形成最初的急性应激障碍，没有消化创伤带来的痛，在潜意识里分化成受创伤的内在小孩后，就以创伤后应激障碍的表现时刻唤醒自己的痛。受创伤的内在小孩只是想以此告诉你，他从未忘记，也不可能忘记！

这个受创伤的内在小孩挣扎在痛苦和无助中，表现出各种情绪障碍症状，以此吸引你的注意，希望你可以安抚、照顾他，与他讲和。著名的心理治疗大师米尔顿·艾瑞克森（Milton Erickson）曾经说过，症状代表了一个没有讲出来的故事。因此，我们要做的就是倾听受创伤的内在小孩的故事，疗愈创伤。

你可能不知道你曾经历的童年创伤

有些童年创伤与严重的创伤性事件相比，可能是隐形的、被忽略的，它们看似不是创伤，却可能把人伤得很深。如果人们在童年期长期遭受这样的创伤，就会形成不同的受创伤的内在小孩。

缺爱的内在小孩

童年没有得到爱的满足的孩子，他的内心世界会出现一个缺爱的内在小孩，这个内在小孩会让他表现出强烈的占有欲和不正常的嫉妒心理。比如，有的人只有把家里的冰箱塞满才会有安全感；有的人对某一种物品有极强的占有欲等。这也很好理解，对于一个婴儿来说，爱就是饿的时候有充足的食物——母亲的乳头满足自己。如果大多数时候没有及时获得食物，婴儿就会推断自己可能不被爱着，进而在长大后会去寻求自己想要的爱——食物和物品。这通常表现为某些收藏癖、储存癖等，最严重的莫过于囤积障碍了。囤积障碍就是典型的缺爱的内在小孩主导了一个人的常态思维。

不正常的嫉妒主要表现为既然我得不到，那么我也绝对不会让你得到，不会让你好受。因此，这种不正常的嫉妒特别具有攻击性。我们常常会在一个团体中看到这样的人，他事事都要出风头，事事都要抢在前面。总之，他要争先得到所有的好处。如果别人得到了好处、出了风头、抢在了前面，他就开始在背后诋毁、攻击别人，说别人的坏话。

父母永远不可能给你完整的爱，成年后的你必须清楚这一点。由于各种原因，父母让你没感受到爱的力量，让你的内心形成了一个缺爱的内在小孩，觉察到这一点的你可以选择疗愈这个缺爱的内在小孩。疗愈他，可以终止心理创伤的代际传递，这样你的孩子就不会感受不到爱。这并不是让你"原谅"父母的"过错"，而是因为爱从来就没有完整过，父母的内心可能也住着一个缺爱的内在小孩。

孤独的内在小孩

童年期缺少陪伴的孩子的内心会形成孤独的内在小孩。陪伴是一种"有人在"的感觉，这个人最好是母亲，其次是父亲、兄弟姐妹，或者爷爷奶奶、姥姥姥爷，抑或是愿意付出爱的其他养育者。然而，内心住着孤独的内在小孩的孩子在成长的世界里好像只有自己。比如，父母常年在外打工的留守儿童，爷爷奶奶只负责提供食物，或是常年被锁在院子里，只能和小狗玩。他们在这样的童年经历中，独自建立起自己的依恋关系，且这种依恋关系会投射到未来的亲密关系中。如果一个人经历了没有陪伴的童年，就无法建立健康的依恋关系，因此孤独的内在小孩对亲密关系影响最大。

孤独的内在小孩会让人表现得特别黏人或者特别作。黏人最常见的表现为：（1）查伴侣的手机、要求对方汇报行踪等；（2）时刻不能与伴侣分开（如伴侣出差，自己在家就无法入眠）；（3）强烈的肌肤接触需求等。这些黏人的表现，在恋爱初期会让伴侣觉得自己就是他要的那个对的人；但是时间久了，会让伴侣觉得自己没有独立的空间，像跟一个黏人的孩子一起生活，因此感到疲惫和压抑。

表现得特别作的人，因为没有"一个陪伴的父母"内化在他心中，使得他在现实的亲密关系中渴望伴侣的陪伴，又会做出一些导致关系瓦解的决定和行为。例如，有的人经历了多次恋爱关系，但是很难长久维持一段关系，原因不是他不投入，而是他心中那个孤独的内在小孩害怕没有陪伴的经历再一次发生在自己身上，于是他才会想："与其迟早会分离，不如我自己先作，作到和对方分离！"

自卑的内在小孩

人们都或多或少有些自卑，这源于自古以来人们就倡导孩子要谦虚，不要骄傲。父母通常非常吝啬夸奖，甚至是进行打压式教育，总是夸"别人家的孩子"。我并不完全反对这样的教养方式，但是凡事都要有一个度。如图 2-1 所示，以 0 为原点，夸奖和打击位居两端，打击为负值，夸奖为正值，每边的最大值的绝对值为 10。在中和了打击或批评与夸奖的强度与次数之后，一个比较适度的教养分值大概为 6 分。如果分值过高，那么过度的夸奖会使人容易忽略瑕疵，认为自己是完美的。一旦做了错事，就会认为自己没有错，都是别人的问题。如果低于 3 分，就已经开始影响这个人的人格了，他在成年后偶尔会产生自卑情绪。如果低至负分，且负分的绝对值越大，这个人就越容易内化出一个自卑的内在小孩。

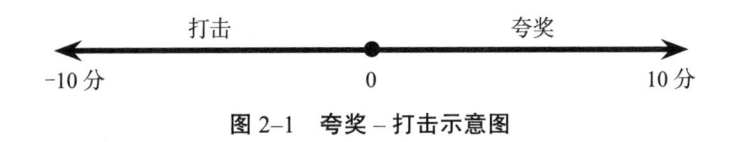

```
        打击              夸奖
   <─────────────●─────────────>
   -10分          0            10分
```

图 2-1　夸奖 - 打击示意图

虽然我们的教育偏向于打压式教育，我们也偶尔会感到自卑，但是这并不代表父母没有给予鼓励、夸奖，因此并不是所有的人都会内化出自卑的内在小孩，只有那些童年很少得到夸奖的人，或是负分的绝对值比较大的人，才会内化出自卑的内在小孩。

如果父母在养育孩子的过程中更多表现为主观上吝啬夸奖，或者因为自己的情绪等原因从不夸奖自己的小孩，就会在某种程度上构成消极虐待。

自卑的内在小孩的第一种表现是求夸奖，而且往往是病理性的。通常表现为：特别渴望得到别人的夸奖、称赞，会选择性地注意那些夸奖自己的词汇；每每讲到一件事情，最后一定会绕到自己身上，然后让别人夸自己。这种求夸奖的行为是不合时宜的，且是以自我为中心的。所谓"不合时宜"，即别人在讲其他话题，他一定会将之转移到夸他的这个话题。所谓"以自我为中心"，如果别人敷衍说"你业绩不错"，然后转移到其他话题，那么他一定会转到以他的功劳为主题的事情上来。

自卑的内在小孩的第二种表现是让周围的人感到被贬低。正所谓"自卑到极致就是自大、自负"，他会随处吹嘘自己，让周围的人被迫当他的听众，或是陷入跟他一起说别人的坏话的尴尬。因此，自卑的内在小孩让他完全忽略了周围的人的情绪、感受，会直接影响其人际关系。

自卑的内在小孩的第三种表现是没有共情能力。良好的共情能力有点类似于"心有灵犀一点通"。在与人沟通的过程中，大多数人都能够知道别人是怎么想的，也能让别人知道自己是怎么想的。尽管人与人之间肯定存在着共情能力的差异，但是绝大多数时候，我们还是可以通过诸如在等待对方的回应时观察对方的表情等来发挥共情能力。拥有自卑的内在小孩的人，往往因为特别渴望夸奖而缺少或没有基本的共情能力，在与人交往的过程中会表现得浮夸，而且一直在沟通中滔滔不绝。

自卑的内在小孩也有可能表现为过于自信，从而形成了自己无所不能的表象，即我是最有能力的、我是最漂亮的、我是最好的，总之我就是那个最棒的。有的时候，我们会在躁狂发作的情感障碍患者身上看到这种现象。

枯涩的内在小孩

心理学学者总是鼓励给予孩子更多的游戏和玩耍时间，但是贩卖焦虑、制造危机感的营销号总是怂恿孩子用更多的时间学习（很多孩子在上幼儿园之前就已经开始了应试的学习生涯），仿佛只有这样，孩子才能找到好工作，才能成功。其实，我们是在幼年时期通过玩耍形成和习得人与人之间的一些言外之意，同时也是通过游戏模拟逐渐获得人与人之间关系的情感体验的，尤其是在婴儿期，与母亲的玩耍更为重要。婴幼儿期和童年期是建立人与人之间情感体验的阶段，却被迫用来学习不该这个年纪学习的知识，这是违背人类发展的自然规律的，理所当然会造就一些看起来情商不是很高的"直男""直女"。我们常会在身边看到一些人际关系非常紧张的人，根源就在于他们不能理解人与人之间的言外之意。因此，如果一个人在童年时没有过多的游戏时间，就会形成枯涩的内在小孩。

枯涩的内在小孩主要表现为：（1）思想还停留在理智层面，缺少情感，或者只有简单的情感；（2）很难理解人际互动中的言外之意；（3）较少的复杂情感。正常情况下，人的情感是复杂多样的，但是有枯涩的内在小孩的人只有简单的喜、怒、惧等这些动物性的原始情感。因此，他们的人际关系是糟糕的，难以建立幸福的亲密关系。

由于他们在童年期没有被父母允许去游戏、玩耍，因此他的内心空间相对较小，没有多少心理弹性，这不仅会影响其人际关系，还会影响其抗挫力、反思力、创造力，以及容许事物变化的弹性空间等，整体会表现得比较呆板，好像情商比较低，不懂得变通、教条，常常会受到糟糕的人际关系的困扰。

委屈的内在小孩

人无完人，每个人都会犯错误，父母也是如此。父母在养育孩子的过程中会犯各种错误，但是有时碍于面子，明知自己错了，也不肯跟孩子道歉。即使你现在已是一个成年人，如果被父母冤枉、指责，但是又不允许你反驳，比如"我打你了，怎么了，我是你妈就可以打你"，或是"我就说你了，怎么了，哭什么哭"，那么你也一定会感到委屈。如果一个人在童年长期处于这样的养育环境中，即父母犯错后很少向其道歉，他的内心就会形成委屈的内在小孩。

委屈的内在小孩的第一种表现是，别人做了点错事，你本可以原谅，可是你就是不依不饶。比如，某人在饭店吃饭，服务员不小心把水洒到了他新穿的白色衣服上，他就会非常生气，开始指责服务员。虽然服务员频频道歉，但是他的火气越来越大，越说越来劲。委屈的内在小孩的第二种表现是，在社会化人际关系中死不认错，这会严重影响其人际关系。

为什么不承认错误的父母会让孩子形成委屈的内在小孩？举个例子，父母怀疑孩子偷拿了家里的钱，但其实他没有拿，是父母搞错了。如果父母在整个过程中没有向他道歉，他就会感到委屈。委屈是一种复杂的情感，它既不是愤怒也不完全是自卑，常常代表着愿望不仅没有被满足，还没有被看见、被理解。如果父母在得知不是孩子的错后能及时道歉，就等同于看见了孩子的委屈，这既安抚了孩子的情绪，还能对孩子表达理解。因此，如果没有得到道歉，孩子的委屈就没有通过被看见、被理解、被安抚而得到很好的释放，而是被隐匿并积蓄在一个角落中发酵。或许拥有委屈的内在小孩的人只是在某些状况下人际关系不是很好，平时的人际交往还是挺好的，但是可能会出现一些与消化系统、呼吸系统有关的生理疾病。

看到这里，你或许会觉得，虽然你没有经历过什么大的创伤事件，但是很多隐形的创伤一直伴随着你。虽然生活还算不错，但是性格中的某些东西总会让你感到不幸福。现在你可能意识到了，原来是那些潜移默化的创伤让你内化出了一个个受创伤的内在小孩。这些内在小孩是你人格的一部分，有的甚至进入了主人格。那些不好的情绪、不开心的感受、不幸福的体验，是因为受创伤的内在小孩干扰了你的行为，让你产生了不美好的体验。受创伤的内在小孩只是在提醒你，疗愈内在小孩的目的是让你走出那些潜移默化的阴影，去体验更幸福的生活。

心理创伤的代际传递

虽然有些人终其一生都没有经历过有影响的创伤事件，但却表现出创伤后应激障碍的症状。后现代心理学研究发现，这个现象看似诡异，其实是心理创伤的代际传递——创伤被无意地传给了下一代，即孩子替代父母承受了更多的创伤，甚至会一直传递下去。

比如，一位有心理创伤的母亲，她的焦虑、愤怒、憎恨等情绪体验，或者对丧失的体验和情感密闭，或者其他形式的本我退行，导致其没有足够的情感空间来考虑孩子的需求，因此很难与自己的孩子共情，甚至反过来让孩子成为自己的容器。让孩子一生下来就注定要去承受父母承受不了的东西。这样一来，父母的创伤就会通过累积创伤的方式传递给下一代。这种现象常常被认为是宿命，或者是强迫性重复。这是心理创伤的代际传递的第一种——行为影响。

在经历创伤事件后，人的感知觉、情绪等会以零碎、不完整的方式储存在细胞里，形成细胞记忆。如果细胞记忆中被堵塞的能量或未完成情结未能被很好地照顾到，这些记忆就会侵入 DNA，遗传给下一代，下一代的下一代……直至堵塞的被疏通，未完成的被完结，才能终结代际传递。细胞记忆的代际遗传也很好地解释了为什么自己明明没有经历过的创伤偶尔会以片段的形式出现在自己的头脑中。心理学相应的治疗方法被称为前世回溯，听起来很神秘，也很容易让人联想到宗教或神话。一般而言，用记忆回溯的方式能较快地找到创伤的原始点。不过，在后现代心理学解释这个现象之前，我们以为有些记忆回溯出来的画面不是真实的经历，所以就觉得有点诡异。我们不知道这些画面来自哪里，便暂且用了"前世"这个词，似乎跟前世有关系。然而，细胞记忆的代际遗传很好地验证了我们在记忆回溯中看到的画面是真实的，只不过不是我们自己的真实经历，而是我们祖先的真实经历。这是心理创伤的代际传递的第二种——细胞记忆。

从心理创伤的代际传递的角度，疗愈创伤会让我们阻断很多在家族中遗传的、影响我们幸福生活的无形力量，尤其是我们要解救我们内心的受创伤的内在小孩并与他讲和。

练习2　认识童年的创伤

写在前面：如果你经历的是毁灭性的创伤事件，那么建议你向专业的心理工作者寻求帮助，这个小练习只能作为辅助。这是内在创作与改变的练习，请找一个安静、没有人打扰的地方和时间段，全程约需一小时，请全然地让自己的内在工作，你的内在会知道如何帮助你。

1. 请拿出四张A4纸，将其中三张纸上下对折，然后展开。纸的上半部用于创作图画，下半部用于写字。

2. 在三张纸的上半部创作图画。

在第一张纸的上半部画一个曾经历过创伤的你，代表经历过创伤的童年的你。不一定画得跟童年的你一模一样，可以是成年人、老人或孩子，也可以是动物、植物、卡通人物、物品等。只要能代表经历创伤的那个童年的你就可以。如果你画的是人物，那么请画完整，包括头、脚、躯体、清晰的五官；如果你画的是动物、植物等，也请细致地画出来。请不要画简笔画，最好用彩色蜡笔作画。

在第二张纸的上半部画出现在的你，代表被童年创伤影响的现在的你。作画要求跟上面一样。

在第三张纸的上半部画出疗愈了创伤的未来的你。或许你不知道自己未来的样子，你可以用动物、植物、成年人、老年人、孩子，以及卡通人物、物品等来代表疗愈了创伤的你，凭直觉画就可以。其他要求同上。

三幅画的主角可以是同样的，比如可以是同一个人物，只是表情或服饰等有所不同；也可以是不同的，比如第一幅画的是向日葵，第二幅画的是小猫，第三幅画的是一张桌子。

在三幅画都画好后，请将它们按照时间顺序在面前摆放好。你发现了什么？这个发现对你有什么影响呢？给自己一点时间认真观察。如果你愿意，可以将这一刻的感受写下来。

3. 接下来，开始在这三张 A4 纸的下半部工作。

请先看着中间的那幅你创作的代表着现在的自己的画，然后在下半部分简要写下以下内容：

你现在发生了什么，使得你想疗愈那段童年创伤？那段童年的创伤对你现在产生了什么影响？

然后，看着那幅代表经历过创伤的童年的你的画，在下半部简要写出以下内容：

你在这幅画中看到了什么？你感受到了什么？这个人物或动物、植物等在经历着什么？包含了什么事件、人物、情绪、感受等？可以以故事的形式写出来。

如果现在的你可以帮助他，那么你想如何帮他渡过难关？你在故事的最后一定要附上这一点。

最后，看着那幅代表疗愈了创伤之后的未来的你的画，在下半部分简要写出以下内容：

在这幅画中，你看到未来的你是什么样子的？精神状态如何？凭借你的直觉，你觉得他是如何疗愈创伤，然后成为现在这个样子的？你觉得你还需要多久才能成为这个样子？

4. 写好之后，继续观察这三幅画。这时，你有什么新的发现？画作是否有需要调整的地方？如果有，请再次拿起画笔调整。

5. 将上面的三个角色的经历编成一个故事并写在第四张 A4 纸上。

第 3 章

来自梦里的记忆

梦是内在小孩求救的信号。

03

梦是一种非常奇特的现象。除了某些脑部组织受损和部分精神分裂症患者外，每个人都会做梦。一般来说，我们每天晚上大约都会有五六个梦境，早上醒来后那些没有任何意义的梦境就会消失；或者只记得离醒来最近的那个梦境的一些片段。如果你在早上醒来时发现自己没有做梦或是只做了一个梦，那么恭喜你，这代表着你最近的状态还不错。其实，那些梦境只不过是没有经过你的意识，直接消失了！

梦是心理学工作者偏好的一个领域。"精神分析之父"弗洛伊德以及荣格、阿德勒、皮尔斯等心理学家都钟爱研究梦。心理学家们认为梦是一种潜意识的语言，荣格还会要求其患者持续记录梦境。

弗洛伊德认为：（1）梦分为显性梦境和隐性梦境，显性梦境是指做梦者梦见的梦境，隐性梦境是指做梦者潜意识里的声音；（2）显性梦境并非其梦的真正内容，隐性梦境则代表了梦的真正意义；（3）应通过显性梦境去解析隐形梦境的含义，从而找到当事人潜意识中的问题；（4）梦是指向过去的；（5）梦只是帮助治疗师了解当事人问题所在的工具。

荣格认为：（1）梦是一种投射，梦中的物体具有象征意义，但不能把象征当作一成不变的东西来处理；（2）反对弗洛伊德完全性象征；（3）梦是潜意识内容同化到意识上，做梦是潜意识的特殊表达；（4）强调梦既有个体性，又有集体性（集体潜意识）；（5）有规律地记录梦，可以找到潜意识的前因后果关系；（6）梦行为的主要内容是对意识立足方面一定的片面性、错谬、偏差或类似缺陷的和谐一致的补偿（梦的补偿功能）；（7）主张分析梦境，解析梦具有实用性。

阿德勒认为：（1）梦是人的期望和需求的体现；（2）梦是指向未来的；（3）分析当事人的梦境，就能找到当事人的期望与需求；（4）强调了梦的个体性，梦的意义必须将做梦者本身的个体性与其生活的环境相结合进行分析；（5）同弗洛伊德一样，主张分析梦境，从梦中找到个人的心理问题。

完形疗法创始人皮尔斯对梦的看法是：（1）梦是指向当下的，反映了当事人当下的心情，是一种对未完成事件的投射，也可能反映了能量的阻碍；（2）梦境对治疗具有重要意义；（3）通过各种方式让做梦者自己觉察所做的梦中的各种象征所蕴含的意义；（4）梦的演出促使做梦者觉察梦中的信息，最终让做梦者得以重新整合那被投射的部分，皮尔斯称之为"存在的信息"；（5）心理咨询师不要去解释梦的种种。

我们简单概括了几位在心理学发展史上有着重要地位的心理学家对梦的看法和观点，他们有这样的共同观点——梦是潜意识的语言。随着心理学研究的不断发展和大量案例的验证，一定会有新的观点、理论诞生，同时，不适应这个时代的观点或理论可能会被摒弃，但是无论如何都不能否认它们在历史舞台上的价值。从我们自身的角度来看，如果有什么观点、理论、看法能帮助我们化解内心困惑，那么它对于我们而言就是正确的。

心理学者的工作内容之一就是了解一个人的潜意识语言，梦就是一个能很好地了解潜意识语言的工具。我们之所以竭尽全力"翻译"梦境，就是期望可以诠释潜意识的"秘密"。

人为什么会做梦

　　事实上，人类目前并没有完全破解"人为什么会做梦"这个问题，但是可以肯定的一点是，做梦的过程是我们的大脑在清理曾经储存的记忆垃圾。从母体受孕到此时此刻，我们每时每刻都在接收大量的信息，同时大脑会用大概 17 秒钟来分辨出一个信息是重要的还是不重要的。对于重要的信息，我们会将它们储存到潜意识里，这个记忆芯片包含了这个信息带给我们的情绪、感觉，以及我们抓取的画面、气味、声音等。随着时间的推移，这个芯片就会被以情绪等特征命名存放在大脑的存储器中。那些不重要的信息暂时会被缓存在意识空间，不久就会被清空。对于储存在潜意识中的重要信息，我们的大脑也会定期清理。如果某些信息在我们处理完、其隐藏的情绪已经被化解及其未完成的内容已经完结了等以后，潜意识就会认为它们不再重要了，从而"自动"删除它们，而梦就是在删除这些信息时对它们的"最后一瞥"。由于这些信息的时间、地点、情境、人物等是不同的，却在同一时间被删除，因此梦就呈现出了光怪陆离的画面和感觉。如果有些信息储存在潜意识中很久都没有被处理，那么潜意识也会认为它们是垃圾记忆，并通过梦境的方式释放这些垃圾。但是，当我们的前意识（前意识就像我们大脑的保安系统）看到某些信息出现后，就会拉响警报，因为这些信息是主体珍视的或者未完结的、重要的，或者需要主体确认的。前意识以拉响警报的方式希望主体可以通过梦境觉察这些信息。然而，每次大脑都会同时清理很多信息，一旦警报拉响，涌入意识的信息就会包含这次清理工作中所有的信息拼凑在一起的画面。其中有一项内容是纯粹的，那就是在梦中感受到的情绪，它是我们解密梦境中潜意识语言的重要元素。

如果你在一个梦境中没有太多的情绪感受，那么这个梦境可能只是你的潜意识在清理垃圾记忆而已。如果最近你的梦非常多，但是梦醒后没什么情绪体验，只是让你感觉没有得到很好的休息，心情比较烦躁，那么这可能仅仅代表你最近的压力比较大或情绪状态不是很好。你的前意识此时出现了故障，不能很好地识别拟定程序。这时，你需要的是休息并调整自己的状态，和梦的关联并不是很大。如果梦境带给你强烈的情绪感受，你就要注意了，因为不管画面混杂成什么样，情绪感受都是真实的，我们可以通过真实的情绪感受找到真相。

如果你持续多梦，睡眠一直不好，那么你需要先排查生理性疾病；如果没有生理性疾病，就很可能与第2章提到的创伤有关。要判断这样的梦境有没有意义，我们需要辩证地来看：有情绪的就一定是有意义的，没有情绪的则可以通过在一段时间内持续记录梦境来发现线索。还有一种可能是，常年多梦的睡眠障碍。多梦只是代表你无法进入深度睡眠，没有情绪的梦境是没有意义的。

梦是人类记忆的语言

我们在前文谈到梦时零星地介绍了梦和记忆的关系。潜意识会通过各种方式将没有意义的记忆释放掉，梦是其中的一种方式。换句话说，做梦的功能之一就是释放潜意识中的记忆垃圾。然而，梦中的记忆并非这么简单。一旦潜意识储存了"创伤"的记忆，这些记忆就没那么安分了，且不安分的程度取决于这些记忆对个体的影响程度与时间。一方面，它们不甘于被清理，又不舍得打扰主人；另一方面，它们渴望被看见，希望被好好地照顾，但是又不知道该怎么办。因此，它们通过做梦的方式来尝试让所有的故事合理化。

梦境不仅能释放记忆垃圾，还能释放压力、自我疗愈。一般而言，普通生活事件的压力、创伤，有时可以通过潜意识的内在工作自行了结，梦就是其中的一种方式。然而，有些创伤的记忆没那么容易蒙混过关，如下所示。

- 个体在成长过程中经历或看见的重大的创伤事件。这样的记忆一般都会很深，个体会反复出现以该创伤为主题的梦境、情绪比较强烈的梦境、连续剧似的梦境，以及经常做同一个梦等。
- 家族创伤记忆的遗传。作为一个独立的个体，我们受到的创伤会通过细胞记忆遗传给我们的下一代。因此，我们关于创伤的记忆有时可能不是我们自己的，而是我们父母辈，或者更早的祖先的。细胞记忆并非记录事情的全部经过，而是清楚地记录了整个过程的情绪和感受。也就是说，梦境中的创伤记忆可能并非我们自己经历过的。

梦是过去的创伤记忆与当下联结的桥梁。如果我们启动身体的自愈力量，疗愈了过去的创伤，那么潜意识就会自动处理创伤记忆，它们可能是消失了，也可能是被珍藏在某个地方。如果我们自身暂时没有能力化解，它们就会在潜意识中内化形成受创伤的内在小孩。而关于这个创伤的梦，就是这个内在小孩的需求。他没有办法将自己承受的创伤表达出来，也不知道该如何帮助主体释放创伤。因此，他只好用梦的语言与主体沟通，希望主体可以看到自己内心的那个创伤。换句话说，创伤的梦是那个内在小孩的求救信号。我们也可以简单地说，梦是潜意识和意识沟通的语言，只是我们需要经过翻译才能读懂。

梦代表不同的内在自己

梦境中的元素光怪陆离，但是它们代表了不同的内在自己。如果说梦境是一种语言，是你的潜意识与你沟通的语言，那么梦境中出现的元素其实都是你自己。梦境中的元素包含了梦境的不同方面，如背景、地点、人物、动作、情境、物品、说的话或听到的声音、不同的感受、结局，还有更重要的做梦者醒来后的感受。梦境中的元素要么代表了做梦者的子人格，要么代表了做梦者的投射（可能是做梦者的部分投射到梦境中人物的身上，也可能是做梦者的内在冲突投射在情境中）。因此，可以笼统地说，梦境的每个元素都是做梦者投射的自己的一部分。

正如我们在第1章有关"子人格的隐喻"部分所陈述的，每个人都有很多的子人格，我们可能都不知道自己有多少子人格。然而，当个体出现困境的时候，这些子人格就会帮助个体渡过难关——配合需要疗愈的那个子人格，在梦境中上演一出好戏。

梦境中常会出现的子人格

从广义上来说，不同的内在小孩隐喻不同的子人格；从狭义上来说，根据子人格的功能又隐喻出几个类别，以下类别在梦中表现尤为突出，我们也可以将它们统称为"内在小孩"。

第一，常会出现的就是内在小孩。这个内在小孩是我们说的狭义上的隐喻。为什么我们不说"内在大人"而说"内在小孩"呢？其实，内在小孩就是那个没有能力处理当时困境的我们自己，显得弱小无助，就像小孩一样。当心理咨询师通过梦境来帮助来访者疗愈时，会让来访者觉察到自己的内在小孩这个子人格，因为这个子人格代表了创伤、情绪记忆，以及未完成情结。

第二，还会出现内在父母。"内在父母"是与"内在小孩"相对来说的，并非我们自己真实的父母，正如内在小孩也不是我们自己的孩子一样。内在父母的子人格代表了一种力量、支持、关爱。如果心理咨询师可以帮助来访者觉察到梦境中的内在父母，就更容易帮助来访者。心理咨询师也可以在来访者的内在构建一个新的子人格——内在父母，自然就能很轻松地处理他的问题了。

第三，异性我。每个人的生理性别都无法完整地表述其心理性别。心理性别可以用"男性"和"女性"两极之间的一个位置来定义。即使一个男性的心理性别会更多地偏向男性那一极，也并不代表他是绝对的男性；同理，女性也一样。例如，某个男性的心理性别可能是80%的男性+20%的女性（现代跨性别研究的性别分类会更具体，我们在这里仅用多数人的性别举例）。通过这个男性某天做的梦，我们帮他解析出了一个子人格——异性我。简单地说，异性我就是他心理性别中那"20%的女性"部分。这样的子人格对我们有什么意义呢？我们的内在总是在趋于男性和女性的平衡。这种平衡在不同时间、不同场域、不同状态是不一样的，一定是符合当下的那个自己的平衡值。比如，这个男性的80%+20%，对于他的当下可能就是平衡的。异性我出现在梦中，既可能代表你内在的异性力量在帮你协调冲突，也可能代表你需要异性我在生活中发挥作用，还可能代表你的男性女性的状态不符合此时此地的你，出现了不平衡。因此，当它的出现具有积极意义时，心理咨询师可以通过积极意义来帮助来访者；如果是消极的，那么它也是来访者需要获得帮助的地方。

第四，通过物品、人物等投射出的自己内在的其他内容。这些内容并非全然无意义，否则不会出现在梦里，它们可能隐含了做梦者内在的积极力量，也可能会指引着做梦者找到那个创伤。

因此，梦境中的各个元素是做梦者对某个事件记忆诠释出的不同子人格，这些子人格整合在一起的梦境就是其共同表演的一部情景剧。通过梦境演出的方式，心理咨询师将和做梦者共同探索这个梦境中的不同元素对于做梦者的意义是什么。

当然，本书比较强调有意义的梦境内容。有意义的梦境的内容可以化解内心冲突、疗愈创伤、完成内在未完成的事、帮助人格成长、成就幸福生活等。无意义的梦境只是单纯地释放存储碎片，大家没有必要为此浪费金钱和时间去咨询。

识别有意义的梦境

上文简单介绍了梦以及做梦的过程、梦的心理学价值，同时也说明了有些梦没有意义，有些梦的意义至关重要，尤其是在化解心理上的困惑和痛苦方面。什么样的梦是有意义的？我们需要通过什么样的梦了解潜意识？以下这四类梦境需要重点关注。

记忆深刻的梦或情绪反应较强烈的梦

梦境与现实联系最密切的就是梦境中的情绪。梦境中的场景、画面、人物、物品等错综复杂（例如，梦中的人物可能非现实中人，只是做梦者某个特征的投射），让人很难分辨。然而，梦中的情绪与做梦者当下的心理感受是相吻合的。

曾有一位来访者梦见自己在一艘船上杀死了自己的父亲。他从惊恐中醒来。现实中，他确实憎恨他的父亲，因为他的父亲是个家暴者。或许他在童年目睹父亲殴打母亲的过程中就产生了杀死父亲的想法，这个梦仿佛说出了他的心声，因此他害怕的是自己真的会杀死父亲。我与他共同探索了这个梦境的意义：梦中的父亲代表了有暴力倾向的自己，因此他要杀死的是自己的暴力，或是他那个有暴力的子人格。

不定期做的同一个梦或同类型的梦

不定期做的同一个梦或同类型的梦通常代表了做梦者内心有一个未完成情结或是存在能量堵塞。我们将在第 5 章详细说明未完成情结。

案例

春华长期以来一直受到同一个梦境的困扰，她常常梦到自己在奶奶家的厨房洗漱或者收拾东西等。整体来说，这个梦没有给她带来负面情绪感受。她只是比较好奇，为什么经常做这个梦。

心理咨询师（以下简称"咨"）：请你说说最近一次做这个梦的内容吧。

春华（以下简称"华"）：在梦里，我好像是去大姨家，但是进去之后就是我奶奶家厨房的那个水槽。那是一个老式的房子，厨房的水槽上放着许多洗漱的东西，有香皂、洗面奶等。有一个洗面奶我用着还挺好用的，就想着我得记下牌子，回去好买。思维也是当时那个时候的思维，而不是像现在似的，要记下什么就拍照。接着，我开始收拾东西。我好像是要回家了，得把放在奶奶家的东西收拾收拾。那些东西都是我喜欢的，也确实是我曾经用过的。然后，我就醒了。老师，奶奶家的水槽代表着什么呢？我经常会梦到这个场景。

咨：嗯，至于水槽代表什么，我们可以共同去通过梦境演出还原这个梦的意义。

华：好的。

咨：好，接下来，请你闭上眼睛，感觉梦境的场景再次出现在你的眼前，你仿佛再一次经历了这个梦境。然后，请你慢慢地、认真地感受这个梦境。我将要为我们接下来的工作做一些准备。

我把她梦境中提供给我的内容进行了这样的拆解：奶奶家的水槽、洗面奶、记下牌子、收拾东西、要回家、自己曾经拥有的喜欢的东西。然后，把它们分别布置在不同的椅子上，形成一个扇形的场域。

咨：好，让我们重新回忆一下这个梦境。请你继续闭着眼睛。现在，你开始进入这个梦境，你要去你的大姨家。虽然是大姨家，但是那里的布置却让你认出是奶奶家。你站在奶奶家的水槽边，水槽上面放了一些洗漱用品，有一个洗面奶你觉得挺好用的，你想把牌子记下来，回家后好去买。接着，你开始收拾东西，准备回家，那些东西都是你喜欢的，而且是你曾经拥有的。这就是你刚刚的梦境，我把它们分别放在不同的椅子上，稍后我会引导你跟那些梦境中的元素对话，让你了解它们来到你的梦境中是为了要告诉你什么。

好，请你睁开眼睛，我将你的梦境分解成不同的元素，并用特殊的方式呈现在你的面前，每一张椅子代表一个元素。稍后我将邀请你跟它们分别对话，让它们帮你解开梦的意义。

让我们先来到"奶奶家的水槽"的面前，请你这样问它："水槽，你是谁？你在我的梦境中代表了什么？你来到我的梦境是想要告诉我什么？"

华：水槽，你是谁？你在我的梦境中代表了什么？你来到我的梦境是想要告诉我什么？

咨：现在，我将转动你的身体，你将变成"奶奶家的水槽"（转动她的身体）。水槽，请你坐下来，刚才春华问你，你是谁，你在春华的梦境中代表了什么，你来到春华的梦境是想告诉她什么？请你告诉春华。

"奶奶家的水槽"：（哽咽地）奶奶……

咨：你代表了春华的奶奶，那你想要告诉春华什么？

"奶奶家的水槽"：（哭泣）我就是想告诉她，好好爱自己，好好生活。

咨：很好，还有什么要跟春华说的？

春华摇了摇头。

咨：接下来，请你站起来，我会再一次转动你的身体。当我转动你身体的时候，你将变回春华。

咨：（转动春华的身体）春华，刚刚水槽说它代表了你的奶奶，来到你的梦境中是想告诉你，希望你好好爱自己，好好生活，你有什么话想要跟奶奶说的？

华：（抽泣）奶奶我想你，啊……（大声哭起来）

咨：（待春华平静下来后）春华，你还有什么要跟奶奶说的？

华：没有了，就是很想她。

咨：奶奶刚才跟你说要你好好地爱自己、好好地生活。你再想想，你想跟奶奶说什么？

华：嗯，我一定会好好爱自己、好好生活的。

春华梦中重复出现的奶奶家的水槽，投射出了她对奶奶的思念。她从小在奶奶家长大，上学后才回到父母身边，因此跟奶奶的感情非常深厚。奶奶在她上初二时离开人世，无缘送别奶奶最后一程一直让她耿耿于怀。因此，这个梦不是关于创伤的，而是关于未完成情结的。思念亲人的内在小孩从来没有忘记爱和思念。反复出现的梦境表达了潜意识无法表达的思念。

因此，一个梦境的内容、主题经常出现，可能是堵塞的、未完成的、未表达的情绪或能量在我们的内在涌动的结果，如果能够通过梦境演出识别出这个内在小孩，那么将会对我们有巨大的帮助。

连续剧的梦

连续剧的梦就是像连续剧一样，下次的梦接着上次的剧情继续。做梦的时间间隔没有什么规律，但是梦中的故事会不停地演下去。

连续剧的梦代表做梦者"去完成的冲动"，是做梦者内在的一个"存在的信息"，是做梦者用梦境中的元素投射出自己被阻碍的能量、内心冲突、未完成情结以及创伤等。同样地，连续剧的梦也隐藏了一个内在小孩，觉察这个内在小孩是梦境演出的核心。

神话性质的梦

每一种文化中都有各自的神话故事，这些神话故事往往离不开各种宗教。因此，我们的梦中会出现自己生活或出生地的宗教人物、神话人物，这就是具有神话性质的梦。不过，这并不代表做梦者是某个宗教的信徒。从辩证的角度看，每一种宗教都传承着一个民族或一个社群的文化，神话故事也隐喻着人们乐观生活的态度和方法。当然，其中也有一些应被视为糟粕的观点和价值观。

神话性质的梦代表做梦者的一个原型意象，解析出做梦者的原型意象对于其身心疗愈具有极为重要的意义。在这种梦境中，我们不主张心理咨询师解析原型意象象征什么，而应引导来访者通过梦境演出的方式觉察出原型的含义。这个含义有时是有正面意义的（即对做梦者有疗愈作用），有时则可能是有负面意义的。这个原型含义对来访者本人和咨询过程都具有重要的意义。

梦里的记忆有助于找到内在小孩

潜意识中储存的记忆不仅是关于这份记忆的事件，还包括与事件相关的情绪、感受、想法，以及对自我的认知和评估。如果这份记忆在潜意识中躁动并进入了梦境，那么它一定会内化成一个内在小孩。关于这份记忆的情绪、感受、想法，以及对自我的认知与评估中任何一个部分所表现出来的强烈特征，都可能是这个内在小孩的特征。比如，经历过创伤后应激障碍的人总是做与创伤事件有关的梦，就说明其内化出了一个受创伤的内在小孩。第 1 章中阿雅的例子就是典型的创伤后应激障碍，她在梦境中反复经历创伤，正是这个受创伤的内在小孩唤醒了阿雅去疗愈创伤。这种情况特征很明显，哪怕不通过梦也可以找到内在小孩。还有一种情况是，内在小孩的特征非常不明显，比如春华的例子，通过重复的梦境来觉察这个思念亲人的内在小孩。

> **案例**
>
> 张浩的梦里出现了一只猫，是他小时候养的猫。他要带着猫去旅行，可是猫在路上逃走了，于是张浩跟在后面不停地追，突然猫跑到马路中间，这时一辆汽车迎面驶来，他来不及抱起这只猫。就是在这时，他在惊吓中醒来。
>
> 我用与春华相同的梦境演出的方式来帮他觉察这个梦境，他说那只猫

代表了他的女朋友，他非常担心他的女朋友会跟他分手，而且最近她也提出过分手。我们针对这个梦开始了延展对话。

张浩（以下简称"浩"）：那天我跟女朋友说了这个梦，也跟她说我非常担心她跟我分手。女朋友说，她没想到那天随口说的一句"分手"会对我产生这么大的影响，其实她说的是气话，因为我总是把脏衣服到处扔。她打算像训练小狗那样帮我养成好习惯（张浩露出甜蜜的笑容）。

心理咨询师（以下简称"咨"）：哦，听起来很幸福的样子。所以你也知道你和女朋友的关系目前还是非常甜蜜和稳定的，那么在生活中，还有什么让你觉得女朋友会离开你？

浩：其实我也不知道为什么会有这样的感觉。现在回想一下，我在大学恋爱时也做过类似的梦，但当时没把它当回事。后来，我和那时的女朋友分手也不是她提出的，而是自然而然就分开了。现在的女朋友是第二任，我一共就交过这两个女朋友，而且在交往过程中都做过关于猫的梦，结局不会都一样吧？

咨：嗯，了解你的担心。我们可以更深入地探讨这个梦。在梦里，和猫一起去旅行，然后猫逃走了的感觉，对你而言像什么。

浩：（沉思了一会儿）像一个被抛弃的小孩。

咨：这个小孩几岁？

浩：七岁（开始小声抽泣，后来声音越来越大，像个小孩一样不顾一切地哭泣）。

咨：（待他稳定下来）告诉我你刚刚发生了什么。

浩：七岁那年，有一天我和往常一样放学回到家，但是发现家里怪怪的，少了一些东西，但又不像是被偷走的。后来，我爸心情很沉重地跟我说，你妈出趟远门，过几年再回来看你。我问他："我妈去哪里了？为什么不带着我？为什么要过几年再来看我？你带我去找她，她为什么不对我说一声就走了？"我跟我爸闹了很长时间，后来他憋不住了，崩溃地对我大声喊道："你别再无理取闹了！赶快去写作业！告诉你过几年再来看你就是过几年再来看你！哪有那么多废话！"我当时的感觉就是，我妈不要我了，毫无征兆地就不要我了！

咨：嗯，这个七岁的小男孩好无助啊！后来妈妈回来了吗？

浩：没有（**沉默**）。

咨：那你知道发生了什么吗？

浩：其实我可能早已忘了这件事了，习惯了没有我妈的日子，和我爸相依为命，偶尔跟他提过我妈，但是他都说再等等。后来我就不再问了，然后就忘了。

咨：但是那个被抛弃的七岁小男孩没有忘记。

浩：应该是吧。

咨：因此，你在亲密关系中也会非常担心对方会莫名地离开。

浩：是。这两段关系在刚开始的时候都挺好，关系稳定后，我就开始担心。

咨：我想是那个被抛弃的男孩在担心，因为他经历过一次被抛弃，那种感觉太不好受了，他想提醒你。但是他的行为可能会影响你和女朋友的关系，尽管还没有发生。不过，幸好你及时跟我分享了这个梦，这可能是一个很好的、疗愈你被抛弃的内在小孩的机缘。这也可能跟你咨询的目的有关。

浩：我以为我可能对被抛弃已经没有感觉了，但是今天我发现我的问题可能跟这个有关系。

咨：我们可以慢慢来疗愈这个被抛弃的内在小孩。

这是一个由梦境探索出来的受创伤的内在小孩，即被抛弃的内在小孩。需要强调的是，并非所有的梦境经过解析之后都能这么快地找到内在小孩。因为我们的心理存在非常复杂的联动反应，有时那个点对了（如张浩的梦境），其他的联动就会开始反应；那个点不对，可能就没那么容易发现更深层的内容了。

来自梦境的记忆帮助我们找到隐藏着的受创伤的内在小孩。有的梦境的元素已经投射出内在小孩，梦境演出之后就能找到那个内在小孩，而且梦境演出本身也是一种疗愈。有的梦境的元素没有投射出来，这时就需要进一步探索。因此，梦不仅能让我们发现潜意识留给我们的信息，其中还可能隐含着不同的自己，它更是找到受创伤的内在小孩的媒介！

练习3　觉察梦境的意义

相信很多人都会偶尔好奇梦境到底想告诉自己什么，接下来分享一个小方法来帮助大家简单地了解自己的梦境。

第一，回想你想探索的梦境，把这个梦境记录在一张纸上，并根据自己的感受找到梦境中的几个关键元素，提炼成简单的词汇。

第二，找来几张A4纸，把每张纸均等裁剪成八份，并用夹子夹在一起。有几个元素就用几张剪裁好的纸，按照顺序把每个元素依次写下来。

第三，与梦境元素对话。从第一个元素开始，看着这个元素，仿佛它就在你的面前，然后问它："你是谁？你在我的梦境中代表了什么？你来到我的梦境是想要告诉我什么？"接下来，闭上眼睛，感受一下这个元素给你的回复，把这个回复写在写有这个元素的纸上。依次重复进行，直到完成所有元素。梦境元素与回应的内容最好用不同颜色的笔来写。

第四，依次再看一遍所有的元素，这时你可能已经非常清楚梦境的奥秘了。

看完之后，你觉得哪些元素可以从你的梦境中永远消失，就把对应的那张纸抽出来扔进垃圾桶，剩下你认为可以保留的元素。根据你的感觉将剩下的元素排列成一个图形摆在你的面前。

第五，用写或画的方式，将剩下的元素重新编成一个梦境故事。

需要注意的是，当我们对某个梦感到好奇的时候，其实也表明了自己的内心或许存在能量的阻碍，或许对外界有所期待，或许隐含了对当下生活的迷茫。因此，科学地看待梦境以及找一位心理咨询师咨询，可能更有意义。毕竟，这个方法只是简单地了解梦境，要想觉察更深远的意义及记忆中的内在小孩，就得向专业的心理咨询师寻求帮助。

第 4 章

寻找内在小孩

> 人的一生中大多数的痛苦都来自
> 没有办法与自己妥协。

04

为什么要寻找内在小孩

现在,我们已经大概了解了内在小孩对于我们的意义。是否每个人都要找到自己的内在小孩呢?可能有人会说,我没有遭受过创伤的印象,我目前生活得还不错,也没有做过不舒服的梦等,所以就没有必要寻找自己的内在小孩。其实,找到内在小孩只不过是认识自己的一种方式。因此,寻找内在小孩不仅是为疗愈自己做准备,还是为了更好地认识自己,正如第 1 章提到的,内在小孩是我们子人格的隐喻。

认识自己,可以帮助我们化解内心的冲突。心理学研究发现,人之所以会痛苦,很大一部分是源于对自己的不了解。而不了解的内容就深藏在自己的潜意识中,或是自己的内心深处。如果我们不断地向潜意识扩展,逐步了解自己、认识自己,内心就不会有那么多的冲突。

当然,认识自己也有助于疗愈创伤。客观事件并不会对每个经历者造成创伤,真正能造成创伤的是我们对所经历事件和创伤的诠释。因此,认识自己能帮助我们全面地认识和诠释那个创伤事件,而不是从单一角度去看待它。然而,对于灾难性的、毁灭性的创伤,不能只单纯地对事件进行诠释，还需要进行更多的疗愈工作。

认识自己，能帮助我们更幸福、愉快、健康地生活，能让我们获得成就感、满足感，以及感受到亲情，等等。

认识自己的方法、方式很多，找到内在小孩只是其中之一。我们可以在不同的时间，因不同的需求来探索自己不同的内在小孩。

如何找到内在小孩

在现实生活中，内在小孩会为我们提供很多线索，如果认真去感受，就一定能找到内在小孩。不过，我们往往容易被世间的琐事转移大部分的注意力，因此忽略了这些线索。正如前文所说，创伤让我们形成了内在小孩，也在同时留下了线索，让我们知道一个新的内在小孩出现了。此外，梦境也是我们找到内在小孩的一个非常重要的线索，它既包含创伤留给我们的线索，也包含内在潜意识留给我们的线索。因此，创伤和梦境都可以帮助我们找到内在小孩。

当然，生活中还有很多其他的线索可以辅助我们找到内在小孩。例如，如果一个人在生活中有频繁的囤积行为，那么即使并不一定会发展到障碍的程度，这种行为本身也是缺爱的内在小孩的线索。我们再以成瘾行为（食物成瘾、酒瘾、毒瘾、赌瘾、网瘾等）为例。人们通常认为，轻微上瘾的行为对自己并没有多大的影响，但无论成瘾程度如何，这都是内心的情感需求未被满足的表现。例如，一个人嗜酒如命，可能是缺乏他想要的亲密关系，也可能是想要逃避内心深处的创伤或困境。因此，我们也可以说，成瘾行为是一个情感需求未被满足的内在小孩发出的求救信号或留下的线索。

如何辨别生活中的线索呢？简单地说，就是找到自己的痛点。成瘾行为的痛点在于，明知道自己承担不了某种行为的后果，但是仍然控制不住去做这件事。比如对某种食物上瘾，当其理智时会对因贪恋食物给自己的身体健康带来的影响感到痛苦，但是当看到这种食物时却没有办法控制自己不去"忘我"地吃。此外，所谓"痛点"，并不是一个让人痛不欲生的点，比如囤积障碍患者并不会感到明显的痛苦，但是这确实影响了他的生活质量，甚至影响了他和伴侣的亲密关系。可以用一个歇后语来形容痛点——癞蛤蟆上脚背，不咬人膈应人。然而，对于有些人来说，痛点严重地影响了其生活质量，它一直存在，且总是给人带来不必要的麻烦甚至痛苦，我们暂且把它称为"潜意识提供的痛点线索"。

通过潜意识提供的痛点线索，我们可以使用内在肖像这一非常有效的方式找到内在小孩。"内在肖像"是一种隐喻的说法，即通过心理咨询师的引导，让来访者慢慢地将内在小孩的影像在头脑中清晰地展现出来，并最终完整且动态三维地在大脑中勾勒出来。由于潜意识的痛点线索不同，因此通过内在肖像的方式，我们可以找到不同的内在小孩。

接下来，我们借由第 1 章小枫的案例开启寻找内在小孩的过程。

案例

心理咨询师（以下简称"咨"）：我会带你进入一段冥想，跟随我的引导就好。可以吗？

小枫（以下简称"枫"）：可以。

咨：好，请你闭上眼睛，感受你的呼吸，感受呼吸的节律。吸气时你会感觉身体中充满了氧气，吐气时感觉全身的肌肉都放松了下来……接下来，我要你尽最大努力发挥想象力，想象你的面前站着一个小孩，他是你的内在小孩，就站在你的面前，仿佛此刻正在被无数人攻击，大家都在说都是因为他不好，才让你变成今天这样。我会从5数到1，当我数到1的时候，你将看到这个内在小孩完整地站在你的面前。5……这个内在小孩开始越来越清晰，你可以看到他穿什么颜色、款式的衣服；4……你可以看到他头发的颜色、长度，是扎起来的还是散着的；3……你可以感受到他的面部表情是开心的还是不开心的；2……你可以感受到他是几岁，是男孩还是女孩；1……这个内在小孩，这个被无数人说"不好"的内在小孩，就站在你的面前，你可以感受到他的一切。现在，请你告诉我，这个内在小孩是男孩还是女孩？他几岁了？

枫：她是一个女孩，大概六七岁。

咨：她穿什么样的衣服和鞋子？分别是什么颜色的？她是什么样子的？

枫：她穿了一条粉色的太阳裙，白色的布鞋，扎着两条辫子……

咨：她在你的面前是站着的还是坐着的，抑或是什么其他的姿势？她的表情是什么样的？

枫：她站在我面前，耷拉着脑袋，感觉有点无辜、无奈的样子，我看不清她的脸，因为她的头垂得很低。她好像攥紧了拳头，应该很痛苦吧。

咨：很好。接下来，我们请她轻轻抬起头，可以让你仔细看看她的脸。你看到了什么？

枫：惊恐、不知所措。

这样一来，小枫的那个被攻击的内在小孩就简单地被她在内在"画"了出来。引导这个内在小孩的关键线索就是，此刻正在被无数人攻击，大家都在说因为她不好，才让小枫变成今天这样。借由这个线索，我们通过在潜意识的沟通就把这个内在小孩的肖像勾勒出来了。接下来，就可以疗愈这个内在小孩。

因此，找到内在小孩的第一步就是辨识出潜意识给我们提供的线索。而辨识线索的工作往往要从来访者当下心理问题的根源展开。当然，实际情况远非展现出来的这样简单，会经历复杂艰难的过程。那么在日常生活中，我们该如何使用内在肖像来帮我们找到内在小孩呢？

接下来，我将介绍一个简单的方法，以帮你找到内在小孩。

练习4　画出内在小孩的肖像

先找出一张纸，然后找一个安静、不会被打扰的地方，闭上眼睛，让自己安静地放松下来。想一件最近比较困扰你的事情或是一直让你感到困扰的状况，抑或是你想要调整的地方、想要实现的目标等。聚焦问题，最好能用不超过10个字概括出来。不要试图把所有想改变的、想解决的问题都罗列出来，否则潜意识会不知道你到底想要做什么。

比如，你最近遇到的一件烦心的事情是你和男/女朋友相处得很好，关系稳定，并到了谈婚论嫁的程度，但是这时有人开始追求你，而且是你喜欢的类型，于是你动心了。然而，你跟男/女朋友是有深厚的感情的，你不舍得放弃这段感情。想必这时你一定不知该如何抉择，或者想两者都拥有。因此，你需要聚焦当下的问题——在感情上如何做出选择。

此刻，请你感觉一下，试着用一个形容词来描述聚焦于这个问题的你，这个形容词就是聚焦你想探索的内在小孩的线索（即使不是一个形容词也可以，只要能形容自己就可以）。

比如，对于上述情况，有人可能用"犹豫不决"来形容，有人可能用"难以抉择"来形容，还有人可能用"选择困难"来形容。

接下来，根据自己的状况，选择合适的方法，对内在小孩的年龄、身高、样貌、衣着、身体姿势、面部表情等进行"素描"。

这一步操作需要你发挥想象力。可能有的人想象力比较丰富，有的人想象力比较匮乏，尽管每个人的状况各异，但没有好坏之分。每个人的五种感知觉（视觉、听觉、触觉、味觉、嗅觉）的灵敏度天生不同，比如，有的人更容易感受到皮肤的触觉，或更容易触发鼻腔的嗅觉，或有非常发达的味觉。如果视觉比较发达，就更容易看到画面；如果听觉比较发达，就更容易听到头脑中的声音。因为感知觉的不同，我们也就拥有了独一无二的感知世界的能力，但是这些都不影响操作。

继续闭着眼睛，想象你内心深处那个_____（横线上填上你在本练习前面用来形容内在小孩的形容词）内在小孩站在你的面前。请你感觉一下，这个小孩现在几岁，他的性别跟你一样吗，他的面部表情是什么样的，他穿什么颜色的衣服，什么样的款式，他的身体是怎样的，等等。

最后，如果这个影像很清晰地出现了，就请睁开眼睛，在已经准备好的纸上将那个内在的自己画下来。最好用彩色的笔去画。

这就是你根据潜意识留下的线索画出的内在小孩的肖像。请保存好这幅作品，我们将在练习5中用到。

找到受创伤的内在小孩

在心理咨询过程中，帮助来访者找到内在小孩其实并不那么容易。若来访者前来进行心理咨询，通常说明其痛点很可能已经超过了其承受阈值，因此他很可能经历过创伤。如果能帮他找出受创伤的内在小孩，那么对他的疗愈是具有极大意义的。来访者的很多症结、莫名的挣扎，归根结底都源自其隐形的童年创伤。

正如第 2 章所述，创伤在一方面保护着个体免于崩溃，另一方面又不时地闯入个体的世界，让个体持续处于创伤的阴影中，并时刻都处于"正义"与"邪恶"的两败俱伤的斗争中。对于经历过创伤的人而言，找到受创伤的内在小孩，可以让其矛盾的自我讲和，进而走出创伤的阴影。

帮助来访者找到受创伤的内在小孩，心理咨询师往往需要完成很多复杂的工作，包括前期对来访者信息的整合、试探性地慢慢探索来访者的内在潜意识等。期间，我们会借用各种咨询工具（如潜意识图像卡、绘画、沙盘等）。此外，还可以通过来访者梦境给予的信息，进一步找到内在小孩。在第 3 章中，张浩的案例就是通过解析梦境，帮他找到了受创伤的内在小孩——被抛弃的内在小孩。总之，寻找受创伤的内在小孩是一个比较波折的过程，但是找到之后，讲和之路就走完一大半了。

对于经历过重大创伤或童年隐形创伤的人，发现其痛点并不是很容易。形象一点来说，人为了保护自己免于遭受创伤的痛苦，会为创伤穿上很多外衣。在这些外衣的包裹下，创伤就不具有严重的杀伤力，从而使人相对安全地活在痛苦里。心理学将这样的外衣称为"防御机制"。要想找到受创伤的内在小孩，就需要帮创伤脱去外衣。这个过程听起来像脱衣服一样简单，但受创伤的内在小孩在脱去衣服的过程中会不断地挣扎，并大呼"不要"！

为什么会有这样复杂而矛盾的状况？因为人类在经过进化后变得太机智了，而且每个细胞都是机智的。人们从这一层层的外衣上获得了巨大的益处。心理学有一个叫"获益机制"的专业术语概括了这个现象。

第一，创伤穿上衣服后，让经历过创伤的人看起来跟正常人没什么两样。这样一来，人更容易认同自己没有创伤，就像阿Q一样地麻痹自己，降低对创伤的敏感度，让自己看起来好像没有什么苦恼。一旦脱掉衣服，伤口就会露出来，这样人看起来就是不完美的，而且当伤口袒露出来以后，人会像经历了创伤一样不知所措。因此，受创伤的内在小孩口中的"不要"，实际上隐藏着他对创伤以及对自己无能为力的深深的恐惧。

第二，防御的外衣让人暂时稳定。这对于个体来说具有重大的积极意义：（1）能够减轻或免除其精神压力、心理不平衡和由此产生的痛苦等感受，并让个体免于因无力应对外界而产生的内心被摧毁的崩溃感受，通俗地说，这些外衣给人稳定的感受，维持一个人的常态存在，使其不至于崩溃瓦解，并维持其被攻击后的尊严与体面；（2）有时，创伤在被包裹的同时也被消解了；（3）有时，随着时间的推移，暂时的稳定变成了永恒的稳定。这些都是机智的个体[①]在自身的历史演变和整个人类历史演变的历程中习得的自我疗愈的能力。在内在自动工作的过程，也是这个受创伤的内在小孩代替了整体、积极参与自我疗愈的内在过程。

不过，那些没被消解的创伤就像深海里的火山，一直在海底涌动，海面看似平静，偶尔也会被扰动，但一旦爆发就是毁灭性的。如果我们强行脱掉这一层层的外衣，就如同抽干火山之上的海水，让火山随时都可能爆发。这是非常恐怖的——个体崩溃瓦解！因此，受创伤的内在小孩挣扎着不让防御的外衣被脱掉，就是为了保护主体不至于崩溃瓦解。

你该如何应对这样的情况呢？

[①] 在完形疗法中多会使用"有机体"这一术语。为了便于读者对全书的理解，本书将使用"个体"一词。

我们需要有策略地穿越防御。最简单有效的策略是，让受创伤的内在小孩相信你能够带他走出苦海。不过，赢得内在小孩的信任，有时比赢得客户的信任还要难。

案例

来访者玉凤与我保持了很长时间的咨访关系。与其他来访者不同的是，她表面看起来一切都很好，和她聊天也让我觉得她没什么大问题。她自己也说，她来咨询并没有强烈的目的，只是单纯地想找心理咨询师说说心里话。不过我知道，这些都应该只是表象。玉凤偶尔也会提及一些让她感到困扰的问题，但是当我想针对这些问题继续深入探讨的时候，她就会转移话题。我想我还没有穿越她的防御，或者说还没有找到可以穿越她的盔甲的点。

心理咨询师（以下简称"咨"）：我有一种感觉，不知道对不对，想跟你验证一下，我感觉你一直在试探性地了解我，观察我是否值得信任。

玉凤惊讶地看着我，就像小孩犯了错误被家长发现了一样，有点担心和不知所措。

咨：我只是有这种感觉，不一定是真实的。如果确实是这样的，那我比较好奇，经过这么多次的咨询，是什么让你无法确定我是否值得信赖。或者，我还可以怎么做，能让你真的信任我？

玉凤继续沉默地看着我。我也沉默地看着她，并友好地等待她的回答。

玉凤（以下简称"凤"）：老师，你是不是发现了我的问题？

咨：你的什么问题呢？

凤：我也不知道呀！

咨：我对于你问我"你是不是发现了我的问题"的回答比较好奇。当然，我今天冒昧地跟你聊这些，是因为我觉得我们的信任关系已经到了一定的程度，我们可以进一步探索。但是如果你觉得时机尚未成熟，那么我们就等到合适的时机再继续深入探索。

凤：老师，你这么一问，我有点懵。

咨：那我们先把这个放到一边。今天你打算跟我聊些什么呢？

信任是人与人之间交往的基础，也是咨访关系中非常微妙的存在。不管是普通的人际关系还是咨访关系，只有从内在信任对方，双方才有机会往下发展。因此，如果我想穿越防御，我们之间的信任是非常重要的，否则我就只能承受挫败，建议她去别处咨询了。我试探性地在这次咨询中直接进入信任的主题，依然没有任何突破。但是在接下来的一次咨询开始时，她先跟我"坦白"了一些事情。

凤：老师，这几天我也想了想，得跟你坦白一件事情——我之前找过三位心理咨询师。

咨：哦，这个不能算坦白，我也有责任，我在一开始的时候没有了解更多关于你的信息。

凤：那时我也不想说，可能是觉得没必要说吧。

咨：那你可以说说你从他们那里收获了什么吗？

凤：嗯，其实也没有收获什么，跟我们现在差不多吧（她开始说真实的感受，并出现攻击性的语言），但是终止咨询后又会产生不满。

咨：你说到这里，激起了我的好奇心，不知道我可不可以听听那些故事。

凤：第一位心理咨询师是一位男老师，当我们的咨询进行到五个多月的时候，他说咨询了这么久，他都不知道我咨询的目的是什么，这让他感觉很挫败，不知道为什么过了这么久我还是不能信任他。当时我还安慰他，不是不信任他——当时我也的确觉得自己不是不信任他。不过，在接下来的三次咨询中，我感到他开始有点敷衍我，这让我特别不舒服，而且他还让我转到他的督导老师那里咨询。我没有听从他的安排，而是自己又找了一位心理咨询师。

第二位心理咨询师是一位女老师，年龄跟我相仿，我想这次总可以了吧。这位女老师非常亲和，我非常喜欢她，但是后来关于我的事情我们聊得越来越少，而且我们的心理咨询就像姐妹喝下午茶。当然，现在我跟她的关系还很好，但是我无法再跟她聊我的心事了。

不过，即使我不与第二位心理咨询师聊心事了，我也不好意思中断，在她那里做到了咨询的后期。我找的第三位心理咨询师是一位网络咨询师，也是一位女老师。她的声音很好听，她也是问了我好多关于父母、童年、跟丈夫的关系、跟儿子的关系等方面的问题。后来她说，她总觉得我有问题，但又没有办法看清，因此建议我去做面对面咨询，线下咨询在空间上会有安全的场域，这可能对我有所帮助。

上次你跟我说的那些话，我第一反应就是想，你是不是也想要推开我？后来你说，如果没有准备好就继续按原来的方式，我才稍微心安。为什么你们都要推开我呢？

虽然玉凤说得非常委婉，但是我依然能感觉到她有情绪。而且之前的三位心理咨询师都比我更早觉察到，只是没有办法穿越玉凤的防御——她很难信任一个人。此外，我们确实没有直中她的"要害"。说实话，我也有过想要推开她的想法，但被玉凤敏锐地觉察到了，于是她想用这样的方式让我安心，让我信任她，而不至于推开她。

咨：我想你应该有过咨询的经历，但是没想到这些经历让你如此不舒服。我也必须要向你坦白，之所以有上次的问话，是因为我内心的感受与他们三位很相似——有挫败的感觉，不知道该怎么跟你进行访谈，你偶尔带着水果来也让我担心我们的关系会变质。不过，我隐约感觉你想找一个信任的人。当然，我也非常感谢你信任我，否则你也不会将那些经历说给我听，这也让我相信你在找一个值得你信任的人。如果是这样，那我愿意等到你愿意相信我的时候。在此之前，我们一切如旧。

凤：你们每一个人都挺让我信任的，所以我才会跟你们说那么多的事情。

咨：我能感受到你非常愿意跟我倾诉你的心事，这让我感到欣慰。希望我的唐突不会让你感到不舒服。如果你感到不舒服，就请说出来。这样，你会愿意继续跟我倾诉，我们的工作也会比较顺利。

凤：一开始我确实有点不舒服，但是你说完之后并没有让我产生压迫感，因为上次你说我们可以不用理会你的提问，继续按原来的方式进行；这次你虽然有疑惑，但还是一切如旧，这让我如释重负。

咨：为什么是如释重负呢？

凤：因为之前的几位咨询师都会让我觉得他们不想做我的咨询了。

咨：是担心自己被抛弃吗？当然，这里的"被抛弃"指的是解除咨访关系。

凤：嗯，应该是这样的——是觉得他们要抛弃我。

咨：这种感觉让你想起了什么？

凤：也没有什么吧，就是不舒服的感觉。

解除咨防关系，也是我内在的声音，我觉得没有信任的咨访关系，与其浪费来访者的钱，不如让她找个更能帮助到她的心理咨询师。听到她今

天的表达，我推测玉凤一直在经历着一种周而复始的模式，或许这就是我脱口而出"被抛弃"的原因吧。我明白这次探索又陷入了僵局。随后几次谈起，也都仅仅是一笔带过而已。直到有一次访谈，她真的带着情绪来到了咨询室。绝大多数人在带着情绪时，都能让别人很容易地分辨出其情绪是愤怒、生气还是抑郁、悲伤等，并能从其语言、肢体语言等的一致性中感受到。然而，在玉凤那里却不是这样的。

凤：老师，最近发生了一件让我非常生气的事情，必须要跟你说说。

玉凤笑呵呵的，就像讲一个笑话似的。

咨：好的。

凤：有一天早上，我老公包了我爱吃的小白菜馅包子，蒸好后他去上班了。那天也巧了，我要去机场接一个非常重要的客户，所以早上赶时间，没来得及吃早饭就直奔机场了。包子就一直留在蒸锅里好几天，忘了取出来。昨天早上，我在厨房准备早餐，打开蒸锅才发现包子已经长毛了。这时，我老公走过来，拿着包子，一个一个地放在我面前，说："喏，这是给你包的包子，这是给你包的包子，这是给你包的包子……"

刚刚一直笑呵呵的玉凤变得严肃起来，像变了一个人。

咨：现在，我感觉你非常愤怒。

凤：是，他把我吓到了，我都不敢跟他说话了，还感觉有一股气堵在胸口。然后我说，都长毛了，不能吃了。他说："你还知道都长毛了呀？你还知道呀？"然后，他扔下包子就离开了厨房。我也没有做饭就直接上班了。

这是玉凤第一次向我真实地表达了自己的情绪。虽然她尽量用温和的方式或表现出风轻云淡的样子，但是我认为这是一种进步——她终于愿意脱掉那一层防御的外衣。从马斯洛需求层次论的角度来说，玉凤心理咨询的目标是自我实现，即人到了一定年龄后，通常都会抛开单纯的情感依恋、物质层面的成就（并不是不要这些了，而是准备开启人生的下一段历程），开始向内探索，寻求更高层次的心灵体验。然而，玉凤却用"都很好"来包裹自己，压抑内在最真实的、人人都会被激惹出的负面情绪。由此可以推测出，她的内心一定埋藏着某种她不愿意面对的感受！那么，剥开她的防御，对她有什么意义呢？

找到受创伤的内在小孩，就需要剥开防御的外壳。因此，这不管是对玉凤还是任何没有从创伤中走出来的人来说都是具有重大意义的。每个人都有保护自己的底线：什么样的我是公开的；什么样的我是对部分人可见的；什么样的我可以被看见，但自己不见得知道；什么样的我是被深深地埋藏在心底、自己也不知道的。选择哪种方式释放"我"的信息取决于每个人的需求。

然而，人的需求并非单纯地从意识层面都能被觉察到，有很多需求是意识无法觉察到的。很多内心纠结也是因意识需求和潜意识需求矛盾所致。潜意识的需求，或是没有觉察到的需求，代表了内在小孩的声音。内在小孩会绕过我们的意识，通过我们的身体、情绪、感受等方式发声，唯独没有经过思维和语言。只有意识和潜意识一致，人才会真正达到新的觉知。因此，剥开防御的深层意义，即找到受创伤的内在小孩，通过疗愈内在小孩觉察内在真实的需求。对于玉凤而言，就是她内心藏着的那个"感受"。

不过，剥开防御并非一件容易的事，需要具备以下条件。

第一，心理咨询师和来访者之间的信任关系，对于来访者而言是否达到接近于绝对信任的程度。因为只有这样，他才愿意让你接触他"坚硬"的外壳，即防御的外衣。如果心理咨询师对信任关系是否达到绝对信任没有十足的把握，那么还是不要剥开防御，毕竟这样当事人还可以快乐地生活。否则，容易给当事人带来二次创伤。我们最初经历的创伤都是在没有心理准备时发生的。在有心理准备的情况下再经历一次创伤（即二次创伤），这对人的伤害远大于不经意间的初次创伤。

第二，经历创伤的来访者是否做好了剥开防御的外衣的准备。创伤的防御壳是有意义的，防御机制对个体而言是一种安全感，即拥有它让自己感觉会免于毁灭。如果脱掉这些防御的外衣，他就要面对不确定的、未知的局面。因此，如果无法确保脱掉那层层的外衣之后是安全的，那么他是不会轻易选择信任的。

第三，疗愈创伤的动力需要被唤起。随着时间的推移，一方面，人们慢慢地被痛苦折磨得习得性无助；另一方面，人们已经适应了在防御的外衣下的"安全"，因此，即便痛苦也不愿意面对处理不了的失败。唤醒疗愈创伤的动力，是心理咨询师与来访者一同在来访者的内在世界里探寻走出创伤的意义。一旦受创伤的内在小孩认同了这个意义，动力就被唤醒了。

当玉凤走进心理咨询室时，就说明她已经准备好了，但是没有遇到她认为可信任的人。很显然，玉凤不是一个很容易全然信任别人的人。另外，她一直以来的生活相对舒适，受创伤的内在小孩和舒适的生活之间的杠杆向舒适的生活倾斜，因此她缺乏疗愈的动力。或者说，没有人让她知道剥开防御对她的意义是什么。

当我对玉凤产生怀疑的时候，并没有马上和她"对质"，而是打破僵局，努力让她试着信任我。只有在她开始试着信任我的时候，我们才有可能进入下一阶段：找到受创伤的内在小孩，并觉察到自己真实的需求。最后玉凤才会真实地被疗愈。

玉凤试探性地说出了她一直维护得很好的和谐夫妻间的矛盾，这对咨访双方来说都是一个考验。

案例

心理咨询师（以下简称"咨"）：有时愤怒包含了很多复杂的情绪。请你闭上眼睛，感受一下有一口气堵在胸口的愤怒的感觉。如果用一个动物、植物或物品来形容这种感觉，那么你觉得会是什么？

玉凤（以下简称"凤"）：一只老鼠。

咨：如果这只老鼠在你的面前，那么它会跟你说什么？

凤：它可能会说"憋死我了"。

咨：你试着猜一下，老鼠为什么会这么说？

凤：可能是觉得太堵了吧。

咨：今天我给你留一项家庭作业，你可以选择绘画或写故事的方式来找到愤怒下的其他情绪，主题是"快要憋死的老鼠"。如果你选择绘画，就要画连环画，这样才能展现完整的故事情节。我们可以在你完成作业后的那次咨询来讨论你的作品。不过，你想在没有完成的情况下来跟我聊也是可以的。

我选择保守的方式，即让她按照她的标准来信任我。后来，玉凤选择在没有完成作业的情况下跟我聊这只老鼠。当她开始试着信任的时候，也缩短了消化的时间。

凤：我不知道该怎么写、怎么画，所以就直接跟你说吧。

咨：可以的。那只老鼠为什么会说"憋死我了"？

凤：我觉得这只老鼠一直想表现得非常好以获得认可，便把那些不好的都放在心里，所以会觉得憋得慌。

咨：哦，这样啊，获得认可？你觉得这只老鼠会获得谁的认可？

凤：很多，周围的大多数人吧，老公、同事、老板，上学时想获得老师的认可，现在有时还想获得你的认可。

咨：哦。那么老鼠做什么"坏的行为"不会被认可？

凤：只要是不能获得表扬的就都算是吧，比如那天老公抱怨我没有吃包子……

咨：了解了，没有被认可，你会怎样？

凤：努力让自己被认可，因此会憋得慌吧。

咨：因此，这只老鼠说出了你的感受，它好像住在你的心里，知道你所有的事情，包括你在意识层面还不是很清楚的事情。因此，我想引导这只老鼠来到你的内在，让你们交流一下，以便你更好地了解自己，可以吗？

凤：可以的。

咨：闭上眼睛，让这只老鼠带我们进入一段冥想。想象这只老鼠就在你的面前，你能看到它的大小、毛的颜色、眼睛里透露着的表情——可能是憋死了，可能是如释重负，也可能是渴望被认可。想象这只老鼠就在你的面前，你可能会看见它，可能会感觉到它，也可能会听见它的叫声。请你告诉它，让它带你走进你的内心深处，在那里有一个无助的小孩，等着你接他回家。这个小孩有几个标签——憋得慌、渴望被认可、肩负了很沉重的东西，这些信息都是老鼠传递给我们的，因此我们相信这只老鼠是信使，它可以带我们找到这个无助的小孩。一会儿，老鼠将会带我们穿过一片美丽的树林,在这里你是安全的,我会全程保护你。老鼠蹦蹦跳跳地穿梭在树林中,你跟随在它的后面,感受这片美丽的树林,看着每一片树叶落下,你脚下的路铺满了树叶,走在上面感觉很松软。你看到穿过树叶的间隙的阳光;微风吹过,你听到树叶间摩擦的声音。每往前走一步,你就会感觉离你的内心世界更近了,离得越近你就越能感受到那个无助的小孩向你传递的信息,或许你已经可以感觉到,除了憋得慌、渴望被认可、肩负了很重的东西,还有其他的,请你去感受这一切……

当我们穿过这片树林,你将可以全然地感受那个无助的小孩,他就站在你内心深处,他是你的内在小孩。接下来,请你仔细看看他,他是男还是女,长什么样子,穿什么衣服,头发有多长,你感觉他有几岁,他的表情是什么样的……请你全然地感受这个内在小孩。你感受到这个内在小孩了吗?

凤:嗯,是个女孩。

咨:她有几岁?

凤:应该三岁吧。

咨:她穿什么样的衣服?

凤:一件粉色的布拉吉①。

咨:她的头发是长的还是短的?是扎起来的还是散开的?她长什么样子?

凤:她的脸上有很多眼泪,眼睛大大的,脸蛋肉乎乎的,但是感觉她很委屈。嗯,她的头发是扎起来的。

咨:如果她在说话,她在说什么?

凤:她说"为什么不带我走"。

---

① 布拉吉,俄语"连衣裙"的音译。

咨：请你感觉一下，这个三岁的孩子在跟谁说"为什么不带我走"？

凤：我的爸爸妈妈（哭泣）……三岁那年，因为我的爸爸妈妈要上班，而且妈妈当时怀了弟弟，于是决定把我送到奶奶家。那天是全家一起去的奶奶家，奶奶家在另外一个城市的农村，他们和我一起在奶奶家待了几天后就带着哥哥走了，却没有带我。后来，直到我上小学后才回到父母身边。我长大后对这件事没什么印象，父母有时会跟我提起当年为什么送我去奶奶家，说是因为我年纪小，哥哥七岁，相对懂事听话些，而且他就快要上学了。妈妈又怀了弟弟，没有办法同时照顾两个孩子，因此把我送到了奶奶家……我现在眼前还会呈现很清晰的画面：我站在奶奶家大门口，喊着"为什么不带我走""妈妈不要丢下我"。

从小到大，我都觉得他们不喜欢我，我以为是因为我是女孩的缘故，于是我尽自己最大的能力让自己学习好、工作好，也让别人觉得我老公好、儿子好……各方面都好。可是，我还是感觉那种"好"包裹的自己是空的，但是我又不知道怎么表达给心理咨询师，非常纠结。这么多年自己一直努力维持各种"好"可能就是因为当时我觉得父母不要我了。尽管如今作为成年人我完全能理解他们为什么把我留给奶奶，但当时我才三岁，怎么能理解大人的安排呢？

终于穿越了玉凤的防御，帮她找到了她的受创伤的内在小孩。从成年人的角度来看，这件事很可能称不上创伤，而且还可能被认为是非常完美的安排；孩子则很单纯，认为只要跟父母在一起就好，无法理解成年人所认为的完美的安排。

后来，玉凤把这个内在小孩称为"妈妈不要了的小孩"。这个内在小孩让玉凤在潜意识层面产生两种情绪感受，并且对应衍生出歪曲的认知：（1）

感到悲伤、委屈——妈妈他们走了，但是不带我走，妈妈不要我了；（2）愤怒——为什么不带我走。这句潜台词埋在心中很久，她可能一直想质问父母但是没有机会，长大后也忘记了。然而，这个内在小孩并没有忘记，她一直促使玉凤做得更好，以避免父母和周围的亲密的人不要她。或许她在成长的过程中一直没有等到父母的道歉，才让三岁孩子的愤怒一直滞留在内在，形成了"妈妈不要了的小孩"。我们往往没有那么大的能力让现实中的父母来给我们道歉（玉凤的父母如今都已经过世了），但是可以通过心理学的方法让我们听到他们道歉的声音。

如果你也被莫名其妙的"症状"困扰，那么很有可能源于被遗忘的、但是没有被疗愈的童年创伤，最好的方式就是找到你信任的人与你一起工作。还有一个比较好的方法是，增加自我觉察。很多人在童年时可能都经历过类似玉凤这样的、大人觉得正常却给孩子造成创伤的事，尽管这种童年创伤并非毁灭性的。增加自我觉察能让我们慢慢脱下一件件自己曾经穿上的衣服，虽然这么做会花较长的时间，但是能让你有更多、更充足的缓冲时间。

自我觉察不仅要找到那些不好的内在小孩，还要找到好的内在小孩，好的内在小孩是你的内在资源，有助于自我疗愈。然而，如果创伤已经影响到了你的生活，那么还是建议你向专业人士求助。

第 5 章

未完成情结

人终其一生都在完成童年未完成情结。

05

此时此刻，你安静地坐在沙发里，想一想当下还有哪些事情没有完成呢？衣服还没有洗、周一必须完成的方案现在还没动笔、未成行的洱海之旅、减肥计划目标还没有达成等，这些都是现实层面未完成的事情；再往深处思考，还没来得及孝顺的父母已离世、疏于关爱的孩子已经到了青春期、和伴侣分手后才发现情还在等，这些都是内心感受层面未完成的感觉。缤纷的世界滋养了我们的贪婪，因此也就形成了一个接一个的未完成事件，我们为了这些事件趋于完成而不断地拼搏、努力。在此起彼伏的拼搏、努力与未完成事件之间，造就了我们所谓的成功与压力。

很多心理上的纠结都是这些未完成事件在内心作祟的结果。现实层面的未完成事件都是我们可以看得到的，但也有更深远的未完成事件（如童年期的未完成事件）是我们看不到的。

什么是未完成事件

简单地说，未完成事件指的是我们需要完成的事情。我们的生活基本上只是无尽的未被完成的情景，或者是不完整的完形。一旦一个任务或情景完成，另一个任务或情景就会出现。未完成事件既有微不足道的小事

（如家务），也有主要的生活事件（如正处于悲伤的过程中）。从广义来说，未完成事件无处不在，但也正因为它们的存在，才使得我们能拥有获得形的喜悦，即人类需要完整性，完整性也使得我们的世界变得有意义。

然而，有时完成一些未完成事件是不可能的或是不恰当的，而且没有其他解决办法。在这种杂乱且悬而未决的情景中，人会通过心理困扰和身体疾病的方式来寻求表达。这也是从狭义定义来说的未完成事件，即仅在心理学范畴让人产生心理问题的未完成事件。

提到未完成事件，我们都会想到蔡加尼克效应（Zeigarnik effect）。蔡加尼克是心理学完形学派的心理学家。她曾做过一项实验，将被试随机分成两组，并让他们连续做22项小任务，其中一组完成了任务，另一组在中途被叫停。接着，她让被试回忆他们做过哪些事情。结果发现，绝大多数被试最先回忆起的是那些没有完成的任务。这种现象就被称为蔡加尼克效应。这项研究表明，未完成的任务会比完成的任务占用我们更多心理空间。

蔡加尼克效应在我们记忆事情的时候有许多表现。比如，为了怕自己忘了某项约定，我们特地把它写进备忘录中，结果事到临头还是忘了。心理学家认为，一件该做的事情往往会在心理上激发一个张力系统，但如果将其写进备忘录中，那这个行动就代替了践约，使人在心理上认为这件事情已经做好了，因此张力系统就会放松。然而，如果没有这种替代措施，张力系统就会继续存在，反而会更容易记住。蔡加尼克效应解释了一些记忆中的现象，例如，考前恶补、"开夜车"复习，通过考试后，所有考过的东西都会被迅速遗忘，这就是我们放下重负后张力系统迅速松弛的结果。

未完成事件的积极意义

作为一部疗愈性的书籍，本书会提及相对较多的消极感受，关于未完成事件也会更多地说明其消极影响，因为我们的目的是疗愈有消极影响的内在小孩。不过，我们不能忽视未完成事件的积极意义。从宏观角度来说，所有心理现象的积极意义都远远大于消极意义，但已经成为"症"或"情结"或其他精神问题的除外。

我们现在所拥有的一切，也是内心趋于完成未完成事件的结果。当我们在内心产生一个欲求时，内在世界的平衡就会被打破，从而形成我们行动的动力，使这个欲求获得满足，这时我们的内在世界又会重新获得平衡，然后继续觉察并满足其他欲求。我们的内心就是在"完形"与"打破完形"之间不断地循环。

例如，某人在童年及青少年期看到父母及家人辛苦地忙于生计，于是他在内心就产生了一个欲求——让自己和父母过上安稳、富裕的生活。从此他发奋学习，考上大学，毕业后在城市里打拼，不断取得更大的成就，赚更多的钱，住更大的房子。这就是一个长线欲求不断被满足的过程。

又如，一款新手机问世，某人非常喜欢它的外观和功能，可是钱不够。为了得到这部手机，他开始想各种方案，如透支信用卡、节省开支存钱、努力完成业绩等。这个欲求激发了他工作的动力。

再如，某人从小很喜欢唱歌，但是父母觉得唱歌只适合当作爱好，于是让他将更多的精力放在学习上而不是唱歌上。后来他上了大学，有更多的自由去实现这个梦想，如在学校的文艺活动中唱歌、在学校里组建乐队、去酒吧里唱歌，终于成了一名歌手。这是一个梦想的欲求在内心形成的未完成事件，让他一直有一个趋于完成的动机，待到其能力得到发展、时机成熟时就完形了，即他成了他想成为的样子。

因此，诸如成就、梦想、金钱、物质、情感、价值等方面的获得，在很大程度上就是我们内心未完成事件的积极意义的表现。

未完成事件的消极意义

如果在趋于完形（如在成就、梦想、金钱、物质、情感、价值等方面的获得，以及走出创伤或困境）的过程中受到阻碍，就会产生消极的影响。得不到的或者非正常途径得到的，就会形成具有消极意义的未完成事件。受未完成事件影响较轻的可能只有轻微不适或挫败感，影响较大的可能会出现反复的情绪障碍、创伤后应激障碍等，甚至严重影响日常生活功能。具有消极意义的未完成事件的核心问题来自心中无法接受发生的一切，或无法表达内心的感受，或没有采取行动，或无法解决内心对此事件的冲突反应。

如前文对新款手机渴求的例子。如果你发觉自己无论如何都无法获得这部手机，你的内心就可能会产生自我攻击，如我不行、我无能为力等，进而导致习得性无助，甚至产生负面情绪，严重的还会形成心理障碍。这是趋于完形中的能量受到阻碍，进而产生了身体或心理上的症状，即欲求与满足之间形成的僵局。

物质上的欲求可以被量化，而心理上的欲求却因人而异，几乎不可能被量化，因此心理上欲求的未完成对人的消极影响更大。这些心理欲求不仅是梦想、成就、情感、价值等，还可能是想做而做不了的事。在满足欲求的过程中，如果用非正常途径（如以破坏社会规则甚至触犯法律的方式）让自己获得满足、快速完形，那么最终可能将接受法律的制裁。

案例

来访者文涛失眠的原因来自永远无法完形的事件。在完形过程中，他拼尽全力，但是终究没有抵过命运，永远无法完形了。

文涛（以下简称"涛"）：自从母亲去世后我就开始失眠，现在越来越严重。是不是我有什么地方做得让母亲在九泉之下不是很满意？

心理咨询师（以下简称"咨"）：你说的是她在世的时候，还是过世以后？

涛：我觉得应该是母亲过世后的一些安排吧。毕竟处理母亲的丧事是我第一次处理丧事，而且母亲从确诊到去世大概只有五个多月，在她生前我一直忙于她治病的事情，没来得及问她死后的愿望。可能我们一直都没有想过她会这么快就走了。

咨：能说说你母亲生病前后到离世这段时间都发生了什么吗？

涛：去年过完春节，她感冒了几天，一直不退烧，我就带她去大医院看病，结果被检查出肺癌晚期，我当时就感觉天塌了。我必须要给我母亲把病治好，她不能死……各种治疗花销非常大，后来我没有钱了就向亲戚借，能借的不能借的都借遍了，最后还是无力回天！我母亲不能死，她还没开始享福怎么就走了呢？

咨：那段时间你一定过得很艰难吧。

涛：是的。

咨：刚刚你说母亲不能死，她还没有开始享福，你能具体说说吗？

涛：（搓了搓脸）我母亲这一生过得非常苦。我三岁那年，我父亲因公殉职，我母亲一个人辛辛苦苦抚养我长大，她怕我受委屈便没有再嫁。说实话，我也挺给我母亲争气的，上学时学习一直很好，考上了知名的大学。起初，我母亲说等我读完大学她就轻松了。当我大学毕业后，她又说等我结了婚、成了家就对得起我父亲了。刚结婚不久我就有了孩子，我母亲又说等她孙子上了小学，她就去周游世界。我对她说，"你出去玩吧，我和妻子可以应付的"。不过，我的内心还是希望我母亲能帮忙照顾孩子，毕竟我俩在事业上刚起步，可能我母亲也感觉到了。去年9月，我女儿终于上小学了，她就不能再等几个月吗……我现在孩子也大了，事业也稳定了，她却没法周游世界了。我总是想等自己条件好了再孝敬她、满足她，我怎么那么自私！我太自私了！我母亲操劳了一辈子，最后连第一次坐飞机还是因为去北京看病，我太自私了！

答：所以，这才是你失眠的原因。

涛：我每天都在懊恼，自己怎么这么自私！为什么不能自己照顾好自己，让我母亲替我做那么多！

答：如果你母亲知道你现在因为没有让她好好出去玩而懊恼，她会怎样？

涛：唉，她只会说，"涛，妈有你，这辈子就知足了"。

文涛的未完成事件被古人称为"子欲孝而亲不待"，古往今来，很多人都有过这个情结。在这个案例中，我们可以看到两个未完成事件：（1）文涛如此奔波地积极治疗，却依然没有挽回母亲的生命，因此心中非常懊恼；（2）母亲一直在为文涛辛苦操劳，文涛本想等孩子上学后，就让母亲去好好享受生活，却因为母亲的离世而导致这个愿望破灭。文涛认为是因为自己的拖延而使第二个欲求没有完形，或是因为自己总在等待时机去完成，最终导致这个欲求永远无法完成，因此自责。这种无法完形的能量阻碍在"完形"与"打破完形"之间循环，各种负面情绪围绕着懊恼、自责相继出现，在他的内心世界纠缠。他希望找到一个突破口却不得，因为母亲已经永远离开，所以他在纠结中开始失眠。也正是失眠让他的注意力从失去至亲的未完成事件转移到失眠上，这可以暂时麻痹自己或较少思考未完成事件。然而，由于失眠，他的情绪更加糟糕，未完成事件带来的情绪和失眠形成了恶性循环。归根结底，这些都来自对母亲无法完成的未完成事件。我们将在第 6 章介绍如何通过对话的方式来化解这些产生阻碍的未完成的能量。

创伤与未完成事件

给我们带来消极意义的未完成事件大多源自创伤，尤其是童年创伤。事实上，之所以形成了创伤，是因为这件事让我们在内心产生了未完成的阻碍。

人在经历创伤事件时会在身体和心理上产生反应（如感觉、疾病、情绪等），这些反应会随着个体与环境的接触而释放出来，以保持个体的平衡。这些反应不仅会在个体处于问题状态下释放出来，还能在正常生活中释放出来。如果这些反应在趋于释放的过程中没有得到满足，那么未完成事件就会在内心埋下种子。

当经历一些小的创伤事件时，如果能及时通过向他人倾诉或其他方式释放身体和心理产生的反应，那么最终会获得身体能量的平衡，内心关于未完成事件的感觉就已经完形了。有一次，我在外出授课乘坐电梯时突然遭遇地震，虽然当时我非常镇定，也很正常地完成了当天的授课内容，但是回到家后，每次乘坐电梯时我都会莫名地感到紧张，并从内心抵触进入电梯。这也算是一个小的急性创伤后应激障碍，但由于补救及时（跟同行分享创伤后应激障碍的感受），并没有发展为对电梯的恐惧症。因此，在经历任何负面事件（特别是创伤事件）后，如果能够让自己的身体能量保持平衡，或是将释放负能量的过程完形，那么这些对我们就不会造成太大的影响。否则，即便是考试挂科这样小的创伤事件也会对人造成负面的影响。

在现实生活中，有很多人可以在没有任何心理干预的情况下从重大创伤事件中走出来。虽然这个过程可能需要相对较长的时间，但是因为个体曾建立过安全的依恋关系、良好的社会支持系统以及在内心曾经形成了较好的心理复原力和有效的应对挫折的策略，所以这些保护因素最终使个体的内在能量得以完形。

然而，也有一部分人没有那么多或那么完整的保护机制，因此他们在面对创伤时招架不住，其内在需要释放的部分无法完形，随着时间的发酵形成了创伤后应激障碍、焦虑障碍、抑郁障碍、恐惧症，甚至是双相情感障碍等。

因此，站在完形理论的角度来说，创伤对人产生消极影响的内核是当创伤发生时，人的身体、心理所感受到的负面情绪、感受、行为没有得到有效的释放，使得整个事件无法完形，从而形成未完成事件。疗愈创伤就是为了释放未完成的能量阻碍，使之完形。

在本章案例中，对于文涛来说，母亲的去世带给他丧失亲人的创伤，文涛失眠则源自母亲的去世给其带来的负面情绪、负面能量受到阻碍，无法释放，进而无法完形。

同理，在第 2 章吴峰的案例中，当"被抛弃在院子"里的吴峰看到密密麻麻的蚂蚁时，如果母亲或其他可以代替母亲角色的人安抚了他的情绪，或是如果他能在事后跟母亲分享自己一个人在院子里发生的事情，他就不会出现后来的密集恐惧症。吴峰没有完形的是当时被抛弃的感受。疗愈受创伤的内在小孩，实际上就是让内在小孩未完成的能量阻碍（包括感受、情绪、身体状态等）得以完形。

人类的创伤几乎都跟情的联结有关，没有情就谈不上失去。比如，当人们得知一个不相关的人去世时，心中最多会产生换作自己死亡时的恐惧，且不会受到持续影响。然而，当人们得知与自己相关的人逝去，就会意识到双方之间的情的联结也中断了。在第 2 章陈晨的案例中，陈晨面临的丧失创伤，不仅是恋人的突然离世，而且与恋人联结的情也断掉了。因此，案例中陈晨未完成的爱情，连同其无法安放的悲恸感受，在其内心形成趋于完成的愿望，却根本无法实现了。后续章节将介绍这些创伤的疗愈过程。

什么是情结

长时间没有完形的能量阻碍，随着时间的积累，就像肿瘤一样在内心世界的某个地方驻扎下来，但凡风吹草动，内心都会泛起波澜，不断地以负面情绪、感受甚至是身体疾病、苦痛的方式提醒个体不要忘记那个未完形的事件，让个体困在那个未能完形的能量阻碍里，直到完形。我们称这个驻扎的"肿瘤"为"情结"。

情结是未了结的未完成事件。每个人的生活都会受到诸多情结影响，不过，常常会让人体验到负面的感受和伤害，而没有让人进入崩溃状态。同时，也正是因为这些情结的存在，每个人才能成为独一无二的个体。因此我们不能评价它们是好还是坏。不过，那些让人感觉身陷囹圄的情结，让人产生非常明显的负面感受、情绪、身体疾病的情结，以及让人的行为模式总是朝着伤害自己的方向的情结，便是本书要讨论的。

情结没有了结的原因有很多。最常见的原因是无能为力，即便内心有强大的趋于完成的动机。其他原因包括：（1）对完形结果的未知性有着极大的恐惧；（2）陷入其他未完成事件的纠结中；（3）当事人对于完成抱有绝对完美的预期。

如何发现自己的情结

发现情结是一种探索心理的方法，也是重要的理论工具。接下来将介绍如何发现自己的情结。

第一条途径是觉察我们自身的重复行为模式。如果你从现在开始觉察自己的固化或僵化的模式，就会发现端倪。我们去市场买菜，总是会重复购买同品类的菜，餐桌上的菜肴也总是重复的，而且我们做菜、做饭的方式也都是一成不变的。这是一种非常普通的现象。不过，以下几种重复的行为模式则会对我们产生负面影响。

成瘾行为

成瘾行为包括网瘾、酒瘾、赌瘾等。很多心理学流派都对成瘾行为进行了研究。从未完成情结的角度来看，成瘾行为的背后是无法满足的完美。

何为"无法满足的完美"？在成瘾行为出现之前，个体不断地让自己朝着趋于完形的方向发展，但是每次都以失败告终。沉迷于网络的人在网络世界获得成就感或有希望获得成就感，这样可以暂时忽略现实中自认为的失败。对未成年人来说，当他们的学业、人际关系没有达到自己的预期时，网络就成了一个非常便于获得成就的工具。很多父母不明白为什么自己的孩子会迷恋网络。其实，在孩子追求完美的道路上，父母起到了推波助澜的作用。仅仅通过控制是解决不了问题的，关键是要找到能使孩子获得满足的期待。

酒精成瘾的人看起来很颓废，终日以酒度日，但是其内心却有一个动机：一定要怎样，必须要怎样。这些"一定""必须"是他心里想的但因期望高于自己的能力，以至于他根本办不到或是期待不劳而获。在醉酒之后，神经被麻痹，痛苦的神经也自然会被麻痹，使其暂时忘记他在让自己完美这件事上无能为力的痛苦。这个"完美"是他期待的成就、期待的人、期待的一切自己高不可攀的东西。

成瘾的始作俑者是让完美完形，如果完美无法实现，成瘾行为产生的心理幻觉就弥补了无法完美的缺憾，从而产生虚假的完形，个体便周而复始地沉浸其中，即成瘾。对于有成瘾行为的人，多与其聊聊完美情结，或许能打开其心中的希望之窗。如果这个情结对应的内在小孩释放了未完成完美的能量，成瘾行为就能被阻断。如果只是强迫其不去做出这些行为，那么成瘾行为的戒断通常会以失败告终。

重复回味某种心境感受

曾有来访者说，他就喜欢回味淡淡的忧伤的感觉，这听起来挺诗情画意或者说具有某种艺术色彩。多数情况下，这种淡淡的忧伤是伴随着欣快感的，因此才会有人如此喜欢。忧伤是一种负面的情绪体验，如果一个人的欣快或喜悦的感受是通过一种负面情绪来刺激的，那么这里面一定有一个故事曾在其内心深处留下了深深的痕迹。一旦这个人遭遇不顺或无法处理的困境，他就更容易陷入较严重的负面情绪中，而不再是伴随欣快感的淡淡的忧伤。因此，如果一个人能够找到这份心境所投射出来的情结，那么他将会产生单纯、真实的欣快感。

关系模式的重复

不管是在亲密关系还是在普通关系中，很多人身上总是存在一些重复现象。这种重复现象最常出现在伴侣关系中。比如，在寻找伴侣时，有的很优秀的人总是遇人不淑，有的人会发现自己交往过的人都属于同一种类型，有的人觉得自己遇到的人都不是自己想要的。这些现象的根源是其内心在原生家庭中获得的、根深蒂固的关系模式。这种关系模式是他熟悉的，是不应该变化的。这些人成年后会不断地寻找或建立这种相同模式的关系，即便总是带来痛苦的感受，也仍然坚持、执着地复制这种关系。出现关系模式重复的人，在原生家庭生活中往往遭受过消极虐待，这种消极虐待是夹杂在父母与子女、权力者与无权力者之间的非常微妙的存在。消极虐待对这部分人可能会产生双重影响：（1）他们想要挣脱这种束缚，让自己成为优秀的人；（2）在被消极虐待的感觉里，停留着一些自己想要从被虐待中挣脱的想法和感受，但是这些想法和感受从未得到满足，因此他们惦记着要回到被虐待的环境中去完成未被满足的想法和感受，即与虐待自己的人斗争并成为一名胜利者。

在关系重复模式里，家暴是最严重的。曾有一位女性来访者跟我说，她在被家暴时，会时刻握紧拳头并想找准机会打回去，但每次都失败。她的遭遇让人同情，她的想法也让人不寒而栗。被家暴者内心想用暴力反抗家暴的力量，源自她在原生家庭的遭遇或目睹家暴时没有被消化和处理的未完成情结。然而，她为了解开这个情结，被周而复始地困在这个模式中。

在此，我们需要强调的是，不论施暴者和被家暴者的原生家庭如何，我们对家暴都是零容忍的，被家暴者应向相关法律和社会支持系统寻求帮助。

如果我们重复出现了不好的关系模式，那么即便可能有难言之隐，也可以先进入关系疗愈，让自己成长，找到这个模式中固着的情结，并通过心理学的方式打开封闭的死循环，疗愈自己的创伤，然后再来决定这段关系的发展，这样你才能体验到关系的幸福与愉悦。

事实上，我们每个人都会有很多重复的模式，生命本身就是不断重复的。当然，这很可能给我们带来不好的影响，且这些不好的影响的本质都是一样的，那就是在我们的内在形成了未完成情结，我们需要做的是完成这个情结，即疗愈自我。

第二条发现情结的途径是梦，正如第 3 章所述，重复的梦、连续剧的梦都是情结的体现。具体参见第 3 章。

第三条发现情结的途径是躯体记忆。如果创伤一直被忽视，那么创伤就会通过躯体沉淀，进而在身体上发生变化（包括体态、姿势等，甚至还可能是生理性的变化）。在个体遭遇创伤性事件时，事件本身没有杀伤力，个体对事件产生的情绪感受才是毁灭个体的武器。如果情绪感受没有得到很好的照顾，它们就会形成情结，最严重的现象莫过于躯体记忆带来的躯体变化。也就是说，你在意识层面忽视那个阻塞的创伤能量，使负面情绪感受一直被困顿在体内，身体便帮你记住了这个感受，并在身体上留下印记，便于你醒悟、看到那个没有被处理的情绪感受，使之得以完形。因此，你要常常觉察、关爱自己的身体，这不仅能让你发现疾病征兆，还能让你尽早看到内心迟迟得不到满足的情结。躯体疾病有时跟内心的情绪沉淀也有非常重要的关系，觉察到未完成的阻塞的情绪记忆在躯体上的印记，将会使你的身心更加健康。

未完成情结与受创伤的内在小孩

人生充满了不断期待进而完形的过程。比如，我昨天想吃一根雪糕，但是出于某种原因没有吃到，今天条件满足顺利吃到了雪糕，那么吃雪糕这件事在昨天就是未完成事件，在我的内心有趋于完形的动机，在条件满足后马上完形，在完形的那一刻这件事就完结了，对我的影响充其量就是延迟满足而已。然而，那些被称为"情结"的未完成事件就不一样了，它们会不断地骚扰着我们的生活。这些未完成情结随着时间的沉淀，会有一部分在最后形成受创伤的内在小孩。

本书的第1章到第5章介绍了对我们有负面影响的内在小孩的形成过程。其意义在于，我们可以通过负面的内在小孩的形成过程，找到合适的点去突破生命中遇到的困境。我们还可以根据不同的形成过程，找到合适的正面的内在小孩，让我们在内心达成和解。

内在小孩的形成过程大概是这样的（见图5-1）：个体经历了一个事件，因应这个事件的一些感受、情绪等，能量受到阻碍，这个事件成为个体的一个未完成事件。此时，事件可能是正面或积极的，也可能是中性的，还可能是负面或消极的。无论影响如何，个体内心趋于完成的动力都会驱使个体去完形，让那些受到阻碍的能量得以顺畅发挥。如果事件是积极的，那么事件多半能顺利完形，个体由此产生的积极情绪就像一颗种子被埋藏在潜意识里，当这颗种子不断被相同的积极情绪唤醒，就会在潜意识里生根发芽，最后形成一个正面或积极的内在小孩。

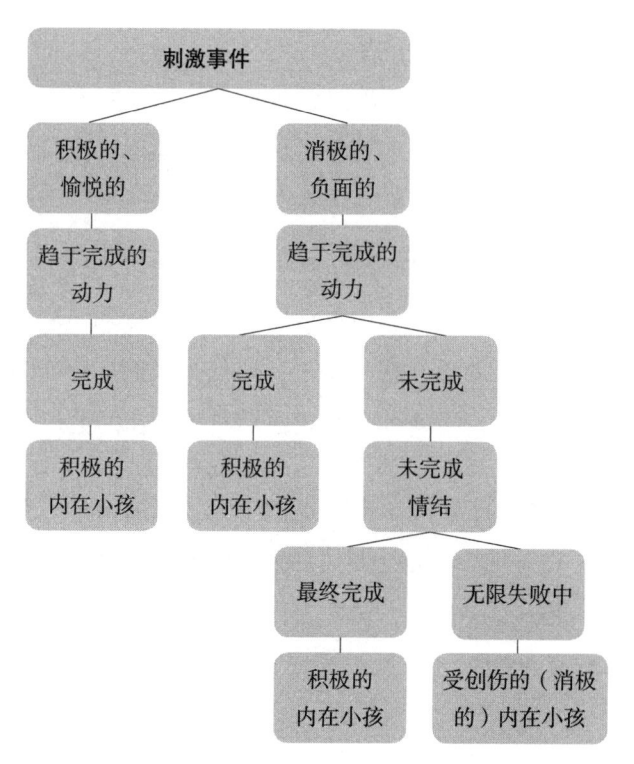

```
                    ┌─────────┐
                    │ 刺激事件 │
                    └────┬────┘
              ┌──────────┴──────────┐
        ┌─────┴─────┐         ┌─────┴─────┐
        │ 积极的、  │         │ 消极的、  │
        │ 愉悦的    │         │ 负面的    │
        └─────┬─────┘         └─────┬─────┘
        ┌─────┴─────┐         ┌─────┴─────┐
        │ 趋于完成的│         │ 趋于完成的│
        │ 动力      │         │ 动力      │
        └─────┬─────┘         └─────┬─────┘
              │              ┌──────┴──────┐
        ┌─────┴─┐       ┌────┴──┐      ┌───┴────┐
        │ 完成  │       │ 完成  │      │ 未完成 │
        └─────┬─┘       └────┬──┘      └───┬────┘
        ┌─────┴─┐       ┌────┴──┐      ┌───┴────┐
        │ 积极的│       │ 积极的│      │ 未完成 │
        │内在小孩│      │内在小孩│     │ 情结   │
        └───────┘       └───────┘      └───┬────┘
                                 ┌─────────┴─────────┐
                            ┌────┴────┐         ┌────┴────┐
                            │ 最终完成│         │无限失败中│
                            └────┬────┘         └────┬────┘
                            ┌────┴────┐         ┌────┴─────┐
                            │ 积极的  │         │受创伤的（消极│
                            │内在小孩 │         │的）内在小孩 │
                            └─────────┘         └──────────┘
```

图 5-1　内在小孩的形成过程

大部分负面或消极的未完成事件会在个体趋于完成的动力的驱动下，或顺利或磕磕绊绊地完形，如果个体有过多次负面未完成事件完形的经历，那么在潜意识中也会形成一个具有积极意义的内在小孩，其在个体的生命中更具有力量，代表了个体有能力实现自己的目标，一旦形成了这样的内在小孩，个体就会更有韧性地处理生活中的负面事件。因此，帮助个体将受创伤的内在小孩转化为更具积极力量的内在小孩，是疗愈这个受创伤的内在小孩的最有价值的途径。

少数负面或消极的未完成事件并没有在个体趋于完成的动力的驱动下完成，这对个体来说可能是具有毁灭性的，因为个体会选择忽视外在事件本身，而选择内归因为对使自己趋于完形感到无能为力，个人内在世界的结果是，一个完美的自己瞬间变成一个无能为力的人。此时它已经不是未完成事件，而是未完成情结了。随着个体一遍遍趋于完成，伴随着无法完成的毁灭感，未完成情结最后形成了受创伤的内在小孩。当然，并不是所有情结都会成为受创伤的内在小孩。在不断地趋于完成的过程中，一部分情结会在内在系统被消解。这些被消解掉的情结，如果意义重大或是具有重复性，就会形成积极的内在小孩，我们称积极的内在小孩为"治疗因子"。因此，我们可以说，疗愈本身就是激活自己内在的治疗因子。

那些看起来永远无法完结、无法被消解的未完成情结，被困在个体的潜意识中，不断呼唤个体，希望被其看到，从而让那些阻塞的能量得以顺畅。然而，这些情结被搁置了。无限被搁置的情结在一次次的挣扎后，最后成为像恶魔一般的受创伤的内在小孩，并发动"战争"攻击着个体的身心，让个体陷入痛苦的体验中。

第 6 章

与内在小孩对话

所有的讲和,都离不开内在的自我对话。

06

第 6 章　与内在小孩对话

第 1 章至第 5 章介绍了与内在小孩形成相关的童年创伤、梦的记忆和未完成情结。这些没有被修复的内容一点点地形成了一个新的部分，与我们共存，并成为我们的一部分，也就是我们的子人格，本书将其隐喻为内在小孩。当然，我们还有很多积极的内在小孩。

本章至第 10 章将分享疗愈内在小孩的各种方法，最终帮助你实现生命的绽放。本章将介绍如何通过与内在小孩对话来疗愈内在小孩。

对话，是我们日常生活中时刻都在发生的事，不仅包括语言沟通，还包括非语言沟通。我们可以通过对话来完成关系之间所要达成的一切。心理咨询师在帮助来访者时也会采用对话的方式，这里的对话包括两个方面：（1）心理咨询师与来访者之间的对话；（2）心理咨询师引导来访者进行自我对话。

当来访者的困扰是内心升起一个冲突，且这个冲突由两种矛盾强烈的观念引起时，心理咨询师就可以引导来访者进入自我对话，达成和解。前面章节提到，内在小孩是未完成的能量阻碍，代表了内在的一个欲求需要趋于完形，而这与意识中的"我"仿佛格格不入。因此，"我"与内在小孩的对话，是内在的一个欲求完成的过程，也是"我"与"我"的讲和。

关于内在的自我对话

我们对自我对话并不陌生，它经常发生，只不过它可能是在无意识中发生的。比如，在挑选一件衣服时，头脑中的一个声音说白色好，显得自己比较清纯；另一个声音则说粉色好，显得自己比较年轻。又如，因自己的一个小失误导致游戏失败，你感到非常懊恼，心里说"哎呀，我怎么会犯这么低级的错误"。再如，当你看到某位成功的名人或身边的某个人非常成功时，内心会有一个声音说"如果我也能这样该多好"。这些生活中无意识发生的自我对话，也是一种简单的情绪压力释放或自我调节的方式。

弗洛伊德认为，自我对话是一种我们难以觉察的潜意识的存在，这也说明了自我对话是一种内在工作。日常生活中的自我对话通常是一种无意识的行为，因此它是潜意识主导的行为。我们往往很少会意识到潜意识信息，但是越多的潜意识信息被意识到，我们内心的纠结就越少。在自我对话发生的同时，一些潜意识信息被意识化了，心中的纠结发生了正向的变化。潜意识信息意识化的过程需要不断地自我觉察，即便那些难以觉察的潜意识信息被觉察，自我对话也可以完成潜意识意识化的过程。因此，自我对话对我们的成长有极大的帮助。

如果说自我对话是潜意识意识化的过程，那么在生活中自我对话可以让我们控制自己对某件事情的解读。在潜意识信息呈现出来后，一件事情就会相对真实地展现在我们的面前，因而我们就对其有了相对全面的认识，不会被片面信息激起情绪或因此而纠结。这时，对事情的解读就会自然而然地在我们的掌控之中。因此，自我对话具有积极的意义。

然而，有几种自我对话可能是一些疾病的症状，比如多重人格的自我对话。虽然本书提到内在小孩是子人格的隐喻，但是存在内在小孩并非多重人格障碍，内在小孩受主人格的"控制"，而多重人格中的各个人格都是"老板"。多重人格的表现特点具有戏剧性，不管是无声的内心对话，还是有声音的对话，甚至是自我表演的对话，多重人格的自我对话都揭示了内在系统的崩溃，需要接受精神科医生的治疗。孤独症患者也会自言自语，这除了跟这种疾病本身（活在自己的世界里）有关外，自言自语也可以让他们释放来自人际或其他方面的压力。某些精神分裂症患者和癔症患者也会自言自语，这种现象既可能是疾病本身引发的由大脑器质变化而形成的症状，又可能是因心理原因呈现的症状，具体需要临床辨证。如果个体出现不受主意识控制的自言自语，就不能单纯地当作自我对话来看待了，而要辨证地对待——这可能是某种疾病的症状。

与内在小孩对话之讲和

自我疗愈的一个非常好的方式就是与内在小孩对话。与内在小孩对话，实际上是不同的"我"之间的对话。这可以让人们内心压抑的内在小孩的信息被意识化，并通过对话化解冲突，继而重新诠释创伤事件。

与内在小孩对话的本质是自我对话，但是它与无意识的自我对话存在两个区别：（1）与内在小孩对话有第三方（心理咨询师）的介入；（2）与内在小孩对话是在一个场域下进行的。无意识的自我对话是自我在无意识状态下的内在工作的一个外化行为。来访者在心理咨询师的引导下与内在小孩的对话，是来访者与潜意识的对话，是在有意识觉察下进行的潜意识工作，是意识和潜意识达成了共识，一起进入深层对话，以达到讲和的目的。这样的深层对话，需要来访者与心理咨询师在穿越防御的过程中一步步搭建安全场域。

与内在小孩对话能将潜意识信息意识化，如果仅仅是将潜意识信息释放出来，那么还不足以说明与内在小孩对话的疗愈力。与内在小孩对话的关键在于，在对话中化解潜意识中的情结。情结是内在小孩的核，与内在小孩对话是解开情结最直接的方式。

与内在小孩对话就是与子人格之间的对话。前文提到，内在小孩是子人格的隐喻，消极子人格的形成是由一个负面事件所形成的未完成情结，经过时间的积淀却一直找不到趋于完成的方法的结果。这个子人格即我们的饱含冲突、需要疗愈的消极的内在小孩。当与内在小孩对话时，那个未完成情结被意识化，同时调动其他子人格，让那个未完成情结最终趋于完成并使冲突得以化解。因此，与内在小孩对话，帮助我们完成了一个内在小孩认为可能永远无法完成的内在工作，也可以说是自己与子人格之间进行的冰释前嫌的沟通。

因此，与内在小孩对话对一个人的疗愈力远远大于自我对话。

案例

在第 4 章小枫的案例中，我先引导她找到自己的内在小孩（方法参见第 1 章），然后引导她与内在小孩对话，最终完成了一个阶段的疗愈。与内在小孩的对话过程如下。

心理咨询师（以下简称"咨"）：看着惊恐又不知所措的六七岁的内在小孩，你想跟她说什么？

小枫（以下简称"枫"）：我好想抱抱她。

咨：那请你轻轻地张开手臂，拥抱她。当你抱住她时，她对你说了什么？

枫：她说她很委屈。她一直在哭。

咨：请你试着问问她怎么了。

枫：她说她不知道，就是非常委屈，爸爸妈妈不停地责备她，可是她没有做那些事。

咨：你眼前的这个内在小孩对你说她非常委屈，爸爸妈妈不停地责备她，她说自己没有做那些事。小枫，你想跟她说什么？

枫：我相信你（流泪）……

咨：当你告诉她你相信她的时候，她跟你说了什么？

枫：她说自己难道真的是一个坏孩子吗？爸爸妈妈整天说自己这也不行、那也不行。

咨：那你想对这个被父母说"这也不行、那也不行"的内在小孩说什么？

枫：我想跟她说，不是的，你很聪明，画画也很好。

咨：小枫，请告诉她她还有什么优点。

枫：你是一个很有品位、很智慧的人，他们只是希望你不要骄傲。你画画很好，未来你的一幅画会在校园板报上展览。你有很多的优点，老师也喜欢你。你能很好地处理工作中非常棘手的问题。你并不是他们说的那个样子……

咨：当你说她是一个有品位、智慧、有能力、会画画的人的时候，内在小孩跟你说了什么？

枫：她说她还很好看。

咨：非常好，你还想跟这个被指责的内在小孩说什么？

枫：（突然充满力量）小枫，活出自己给他们看看！

……

我并没有说服她接受或不接受某些观点、意见、认知，只是引导她与被指责的内在小孩对话，所有的声音都来自她自己。当她说出"我相信你"的时候，与内在小孩对话的疗愈力就展现出来了——她的内心自始至终都有一个信念，即自己没有错，不是自己不好，只是当周围的人都认为她不好的时候，这个信念的声音被淹没了。对话让这个声音更加清晰，让她剥开虚假看到真实的自己。因此，与内在小孩对话唤醒了我们内在本来就存在的力量。

案例

在第2章吴峰的案例中，当我引导吴峰去直面恐惧时，那个四岁的被抛弃的内在小孩自发地出现了。吴峰的内在小孩具有典型的受创伤的内在小孩的特征：经历过创伤事件且没有得到处理，形成了未完成事件，趋于完成的能量受到阻碍，形成了未完成情结，这个情结被隐喻为被抛弃的内在小孩。吴峰的疗愈不需要再引导内在小孩的呈现，直接在创伤呈现后进行即可。我同样采用了与内在小孩对话的方式，过程如下。

心理咨询师（以下简称"咨"）：请你看着这个四岁的小男孩，他说妈妈不要他了，妈妈把他扔了，你想对他说什么？

吴峰（以下简称"峰"）：妈妈没有不要你，她过一会儿就来接你了。

咨：当你跟他这么说的时候，他跟你说了什么？

峰：他说他非常害怕，周围都是蚂蚁，成群的蚂蚁会吃掉没有妈妈的小孩。

咨：当你听到四岁的吴峰说自己非常害怕时，你想跟他说什么？

峰：我在这儿陪你等妈妈。

咨：很好，当你跟这个四岁的男孩这么说的时候，他跟你说了什么？

峰：（嘴角露出笑容）尿尿会不会把蚂蚁赶走？

咨：你会怎样回复他？

峰：（有些不好意思）咱俩一起尿。

这时，被抛弃的内在小孩的情结被化解了。我们在现实层面可能已经可以"原谅"那些创伤了，但是在内心深处并没有。原因是当时的感觉、情绪滞留在那里，形成了能量阻塞。通过与内在小孩对话，我们可以知道当时到底滞留了什么。比如在吴峰的案例中，当时滞留的就是四岁的他感到自己被抛弃，只能孤独地应对那些自己没有任何力量去应对的一切，他需要有一种"有人在"的感觉，让自己感觉到安全。此后，但凡遇到与"被抛弃"相似或相关联的情景（如密集的物体），当时滞留的所有情绪、感受就都会再次出现，而且无法转换到意识层面。我们也可以这样理解：与内在小孩对话就是将潜意识层面的语言转换到意识层面的一种方式。在对话中，吴峰意识到了曾经被忽略的需求，而内在小孩一旦获得"满足"，情结自然而然就解开了。

我们用隐喻的方式将内在问题外化成一个内在小孩，从某种程度上说，找到内在小孩，就是找到了内在问题的源泉。这个源泉可能是创伤中情绪的滞留点，可能是现在痛苦的核心，也可能是我们处理内在问题的力量和资源。与内在小孩对话，可以让我们在疗愈自我的内心世界时正对靶心。小枫和吴峰的案例让我们看到了与内在小孩对话的疗愈力。我们将在后续章节详述关于如何在对话中激活内在力量和资源，以帮助来访者实现自我疗愈。

与内在小孩对话之自我觉察

上一节讲述了如何引导来访者与内在小孩对话，并呈现了对话的过程和结果，其中反复强调了"第三方"（即心理咨询师）的引导。你或许会有疑问：自己能不能与内在小孩对话？当然可以，本章后面的练习5和练习6将介绍两种自己进行与内在小孩对话的方法，只是在没有心理咨询师引导下无法让自己在意识和潜意识层面自由切换。比较完美的咨询对话工作是在来访者和心理咨询师的信任关系达到一定程度下进行的。此时对话是在来访者的意识与潜意识之间，来访者是完全进入潜意识状态下的自己，而心理咨询师是来访者稳定的意识状态下的自己。

与内在小孩对话有助于我们觉察。觉察是指发现某些事情，让我们可以感觉到自己正在做什么，让我们发现真实的自我，并重新整合自我。觉察分为三个层面，第一个层面的觉察是在意识层面或认知层面。比如一个人知道吸烟有害健康但仍然吸烟，这表示尽管这个人知道自己有这些行为或存在这些现象，但并没有进入觉察。一旦这个人知道吸烟有害健康并戒烟了，就表明这个人已经进入了认知层面的觉察，并产生了行为上的改变。第二个层面的觉察是对情绪与需求的觉察。还是以吸烟为例，当吸烟者觉察到自己的吸烟行为时，除了生理的需求外，吸烟更多的是自己在逃避面对现实或被爱、获得成就等其他方面的需求没有得到满足的结果，这样他就会把能量聚焦在满足自己的需求上，而不是吸烟这个行为上。第三个层面的觉察是遇见真实的自己，是将觉知从外在转入内在，并整合自我，让自己成为一个健康喜悦的人。

与内在小孩对话本身就是一种觉察，在不同的场域下，展现的觉察层面也不同。与内在小孩对话，可以帮我们觉察一个事件、一种情绪、一种感受、一个想法或一个行为背后的内在声音。一旦觉察到内在声音，问题可能就不再是问题了。

因此，自己进行的与内在小孩对话更多的是帮助我们进行自我觉察，觉察可能是在第一个层面，即认知层面或意识层面；也可能是在第二个层面，即情绪与需求层面。由于缺少稳定的意识存在，因此自己进行的与内在小孩对话是难以进行深层的清理和疗愈的。然而，更多的时候，我们需要不断地自我觉察，只有不断地觉察到潜意识中的声音，受创伤的内在小孩才能得到疗愈。

自我觉察在多数情况下都是在第一层面和第二层面进行的。但是随着我们不断进行自我觉察，自我觉察能力会越来越强，对自己觉察的程度也会越来越深，第三个层面的觉察就越来越容易自然发生，无须刻意为之。因此，随着我们的自我觉察能力变强，意识与潜意识之间的联结也会变得通透，完成自我整合只是时间问题。

与内在小孩对话是自我疗愈的一个非常好的工具。从小枫和吴峰的案例中，我们可以看到在有第三方的情况下如何与自己的内在小孩对话。练习5是在没有第三方的情况下我们自己与内在小孩对话的方法。

练习5　自我觉察

请找出你在练习4中画的内在小孩肖像。

首先，找一个相对安静、安全的环境，并选择一个不会被打扰的时段。比如，午休时，在自己独立的办公室中。如果是在家，那么最好选择家里只有你一个人的时候，或者提前和家人说好，确保他们此时不会进入你的房间。

其次，将那幅肖像放在你的面前，最好是平铺在桌上，这样你可以低下头来看。当然，你也可以选择你喜欢的方式。如果你觉得音乐可以辅助你的情绪表达，那么可以选择一些轻音乐，避免情感过于强烈（如令人悲伤、兴奋）的音乐。在独立完成与内在小孩对话时，后者那样的音乐可能会适得其反。如果有专业的音乐治疗老师帮你选择曲目，则效果更佳。

接下来，你将开始与内在小孩对话。

专注地看着你的内在小孩，看着他的表情、容貌，看着他所有的一切。

他似乎有话想要跟你说。尽最大努力发挥想象力，你可以感觉到他正在跟你倾诉，他此刻在跟你说什么？你可以将他说的话写在这幅肖像旁的空白处或是另一张纸上，也可以默默地放在心里，因为这些话曾经在你的心里被咀嚼过，只是你没有留意。现在，我们用这种方式将它们呈现在你的面前。

在你完全接收到内在小孩的声音后，请再感觉一下：在你听到这些后，你想跟他说什么？说什么都可以，只要是你想说的。在这里，只有你和你的内在小孩两个人，没有第三个人能听到或感觉到这些话。同样，你既可以将这些话写下来，也可以将其默默地放在心里，传递给内在小孩。

请你和你的内在小孩像两个老朋友互相倾诉这些年的过往一样好好交流，你可以感受到他的声音，他也会感觉到你的声音。当你感觉心情舒坦时，就可以结束你们的对话。记住，在结束对话后，给你的内在小孩一个深深的拥抱，或是任何你认为可以鼓励或支持他且他可以感应到的行为、话语。

在完成对话后，请闭上眼睛，再次感受这个内在小孩在对话后发生的变化，即他在你的面前完成了怎样的蜕变。请再次拿起画笔，将蜕变之后的内在小孩画下来。

画好之后，你就完成了这次与内在小孩的对话。你可以对比内在小孩在对话前后发生了什么变化；对你的生活而言，变化体现在哪里。

这是一种非常简单、安全的与内在小孩对话的方式，可以多次使用。你可能有很多的内在小孩，对于每个受创伤的内在小孩都可以用这样的方式与之对话。对于同一个内在小孩，也可以进行多次对话。请保留好每次对话后你画的内在小孩的肖像。对话的过程固然重要，对话之后的对比也非常重要，尤其是在与同一个内在小孩多次对话后，每次都要对比其出现的新变化或新进展。

与内在小孩对话之释放情绪

与内在小孩对话还能帮助我们释放情绪，此时对话通常为倾诉式的。从本质上来说，倾诉和自我觉察这两种方式非常类似，即自我对话、"我"与"我"的对话。不同的是，自我觉察是内在小孩表达出自己的声音，"我"给予回馈，回馈包括支持、鼓励以及建议等；倾诉是"我"向内在小孩倾诉自己的难言之隐。二者殊途同归，最终都是为了化解内心的冲突、矛盾，以及无法释放的负能量。可以说，前者是更深层次的和解，后者是更深层次的清理。二者可以先后在同一个咨询周期内进行，也可以根据来访者的情况，选择其中一种方式进行。具体的应用需根据当下的需要而定。

如果一个人心中积累了大量的负面情绪，就更适合向内在小孩倾诉。因为这些情绪中有些是他自己知道的，有些是他自己不知道的，或是莫名的。当你很难确定情绪的指向但又感觉负面情绪满满时，就非常适合向内在小孩倾诉。

这个世界上没有谁比自己更了解自己、理解自己的了，但是我们常常会因为各种琐事而忽略了自己是最了解自己的人。不过，忽略了不等于不是这样的，因此与你对话的内在小孩就是你内心一直懂你的自己。当你在倾诉情绪的时候，你已经在直面自己的境遇，即便不知道这是哪个受创伤的内在小孩的状况，那个与负面情绪有关的内在小孩也会自动出现。其实，他也等了很久，只是一直无计可施。当你倾诉的时候，他就出现了，和你一起面对负面情绪。

不要思考过多。当你心中积累了大量的负面情绪并需要向那个受创伤的内在小孩倾诉时，他自然就会出现。倾诉之后，你通常都会感到如释重负。不过，如果你在倾诉之后无法控制自己的情绪，那么结果可能会适得其反。因此，虽然倾诉的方式看似更简单，但我并不是很建议你采取这种方式来引导自己与内在小孩对话，还是寻求专业的心理咨询师的引导效果会更好。

案例

兰莉，职业模特，身材高挑，相貌谈不上美，但是很迷人；有梦游史。她的前夫常怀疑她有外遇。一开始她觉得这是前夫爱她的表现，并因此而沾沾自喜，但是时间久了，就感觉前夫的嫉妒心是病态的，让自己非常不舒服。前夫甚至在她梦游的时候跟她对话，问她有没有出轨（这是前夫在吵架时无意中说出的）。这让她觉得与这样的男人一起生活太恐怖了，便提出了离婚。离婚后，她仍时常感觉自己被一个魔鬼控制着，特别压抑，想要挣扎却无力反抗；心中感到非常委屈、气愤，甚至时常想呐喊。

经过几次咨询，我觉得她需要一个途径释放情绪。负面情绪让她喘不过气来，需要尽快释放，而且她的内心显然有一个需要被关注的内在小孩，因此用向内在小孩倾诉这种方式再适合不过了。

心理咨询师（以下简称"咨"）：经过这几次的咨询，我觉得你这几年过得真不容易，虽然舍弃了很多，自己也算是解脱了，但是好像还有很多的情绪淤积在身体中。

兰莉（以下简称"兰"）：是的，老师。

咨：所以，我想用一种比较特别的方式来帮助你清理身体内的垃圾。

兰：好。

咨：我要引导你跟内在小孩对话（简要介绍内在小孩，并说明帮她释放情绪）。

兰：好的，老师。

咨：请你看着眼前的这个内在小孩，她是你内心深处的自己（在这里，无须像本书前文介绍得那样精准，只需让她自己发挥想象力，想象一个内在的自己并向我描述出来即可）。接下来，请你将这些年内心的不容易、委屈、压抑、愤怒全部说给她听，她是最懂你的人……说出来即可。

兰莉开始倾诉，最初控制着自己的情绪，说着说着情绪变得有点失控，声音越来越大，后来开始哭泣。再后来我已经听不清她混杂着哭泣、嘶喊和倾诉的声音。期间，我会有鼓励话语，以便让她说得更多，同时给予她一个安全的场域。随着她的声音慢慢平缓、清晰，我知道她倾诉得差不多了。

咨：在你说完后，请再次专注地看着内在小孩，请你认真地去感受，她在听你说了这么多后想跟你说些什么。也请你关注她发生了哪些变化。

在兰莉全部说完后，我引导她跟内在小孩拥抱，让那些情绪得以完全化解。

咨：接下来，请你再次专注地看着内在小孩，把你这些年来经历的快乐的事情也分享给她，让她跟你一起感受你们曾经历过的快乐时光。当你分享快乐的时候，你会觉得这些快乐加倍。

兰莉开始讲述自己经历的快乐时光，虽然讲得比前面少，但是可以感觉到她在经历那些事情的时候真的很开心。当她说完后，我再次引导她听听内在小孩跟她说了什么。最后，我让她带着愉快的心情把内在小孩放在内心深处——一个只有她自己知道的地方，这样她就可以随时跟内在小孩聊天了。

在以这种方式与内在小孩对话的过程中，心理咨询师一定要在来访者释放完负面情绪后，引导其进入积极正面或幸福开心事件的分享。从操作层面看，这是将来访者引导至一个愉快、轻松的场景中，并结束这次工作；从深层的心理动机看，后面的分享起着激活复原力的作用。来访者在释放负面情绪之后会感到如释重负，但在释放的那一刻，其周围仍可能处于负面场域，心理咨询师需要将负面场域进行转化。最简单的转换方式就是分享积极正面的事件。在更多的正面积极、幸福开心的事件呈现出来后，来访者周围的场域会发生变化，曾经的负面空间里开始填充更多正面的感受，负面情绪得以彻底被抛弃。

练习6　用书写的方式倾诉

如果你实在不愿意与他人分享你的痛楚，只想独自找个安静的地方自己帮助自己，那么我建议你用书写的方式向内在小孩倾诉。

第一步，画出内在小孩的肖像，这样显得更直观。前文提到，自己帮助自己，有时很难将自己完全置于对话的场域，有时置于那个场域后很难走出来。画出肖像可以让你处于稳定的场域与内在小孩对话，而不至于失去控制。如果你要倾诉，就可以不用那么精准地画出那个内在小孩，因为这可能是一些子人格统合的形象。

第二步，再准备一张纸，一边看着内在小孩，一边把自己想要倾诉的话写下来。记住，一定要写下来！即便你的情绪有点失控，你仍然要在情绪稍微稳定时把它们全部写下来。在心理咨询中，心理咨询师会给予来访者充足的时间，并尽可能地引导来访者全部说完。你至少需要写二三十分钟，即使在此期间你觉得情绪已经完全抒发出来了，也仍然要写这么长时间。因为前面写的内容更多的是可以在意识中觉知但不知道该如何发泄的情绪；在你觉得情绪已经抒发完了、感觉不错了之后再写下来的内容，才是潜意识的信息，这些信息或许看似没有任何情绪波动，却是潜意识中需要释放的。

第三步，30分钟后，不管你写到什么地方、有没有完结，都可以停下来。然后，请想象你就是那个画中的小孩，你在读着这些倾诉的话，读着这封书信。在读完这封信之后，这个内在小孩会怎么回复你呢？接下来，请你和你的内在小孩一起完成回信。在这个过程中，你需要为你的内在小孩代书，他会将他想要回信的内容投射到你的意识中，然后通过你的手和笔来完成。在这个过程中，你不需要思考，只需要根据感觉完成就好。同样，至少书写二三十分钟。因为在回信的过程中，前半部分会有你自己意识到的内容夹杂其中，只有在经过了足够长的时间后，意识中的信息耗尽了，剩下的才是内在小孩想要跟你说的话。

第四步，完成书写后，请你阅读内在小孩给你的回信，此刻你有什么感受、想法？无论你心中产生了什么感受或想法，你都可以再次写下来；你也可以另找一张纸，将此刻的感受、想法、心情创作成一幅图画；你还可以写一首小诗、一篇散文送给自己。如果你看完回信后，觉得还有话想跟内在小孩说，就请你给内在小孩回信，然后让内在小孩再给你回信。在这一轮的书写中，时间可以不受限制，只要你觉得可以就好。

第五步，处理完负面感受后，就要进入正面积极的、愉快轻松的、开心幸福的事件分享的环节了。尽可能书写这些年你遇到的正面积极的事件，书写时间最好也为二三十分钟。写好后，以内在小孩的身份读这封信，然后请你的内在小孩给你回信。正面事件的分享跟上面的书写过程是一样的，只是写的内容不同。

最后一步，请你再次看着那幅内在小孩的肖像，你觉得这个小孩有什么变化？请另找一张纸，将变化后的内在小孩的肖像画出来。至此，结束这次与内在小孩的对话。

这个过程可能需要很长时间，因此你需要找到合适的时间段，确保在此期间不会被别人打扰。原因是，如果正在流露的情绪突然被打断，感觉就会被滞留，甚至会形成新的、叠加的创伤，这是不利于情绪释放的，也会让你经受更多的负面情绪感受。不过，你可以在中间选择让自己休息10分钟，可以单纯地坐在那里休息，也可以上个洗手间，或是喝杯水，但不要看手机、上网、看电视，也不要与他人联络。休息的时间仍然是你处理情绪的时间，你需要让自己安静地休息一下。

••

在与内在小孩对话的过程中，你内心的冲突开始松动，甚至瓦解。无论对话是内在小孩与你陈述其承受的伤痛，还是你向内在小孩倾诉压抑的情绪，实质上都离不开你内心的冲突，最终的目的都是为了让你对那些冲突释然。从内在小孩的角度来说，就是一个子人格和另外一个子人格或主人格之间的冲突。在内在小孩的概念中，冲突来源于外在事件激发，而且是内在没有沟通的结果，一旦内在可以对话，冲突就会不攻自破。你需要做的是，找到是哪个内在小孩与你发生了冲突，解决这个冲突需要什么样的对话，然后与内在小孩对话。

完成与内在小孩对话，意味着讲和也趋于完成。而且在对话的过程中，你既可以发现情结，也可以找到曾经的记忆，甚至可以疗愈曾经的创伤。

不过，创伤有时需要更深入的清理和疗愈。因此，通过与内在小孩对话，你可以发现情结、记忆、创伤，进而可以展开彻底的疗愈，最终与内在小孩讲和。有时，一旦对话结束，疗愈也就结束了，如小枫、吴峰和兰莉的案例，对话结束时创伤往往也得到疗愈了，不需要进行更多的工作；有时，在对话之外还需要进行更深入的工作。在接下来的章节，我将与你分享讲和的过程。

第 7 章

修复创伤、记忆和情结

> 心理疗愈最终就是要面对这些创伤、记忆、情结。
> 只不过，有时你并不知道自己已经在面对它们了。

07

在上一章中，与内在小孩对话的疗愈内在小孩的方法，更多的是觉察内在停留的创伤、记忆和情结，以及释放因此而产生的负面情绪。有的人完成了与内在小孩的对话，他的内在就讲和了；有的人则需要进一步的修复工作。在本章中，我将与你分享如何修复你已经觉察到的创伤、记忆和情结。

修复的力量来自我们的内在，也是我们潜意识的力量，这股具有修复力的潜意识力量是正向、积极的。出于某些原因，负向、消极的力量好像使用了障眼法，使得本属于我们的正向、积极的力量无法或无处发挥出来，又或者我们不知道什么时候需要它们。因此，我们要做的就是激活本属于自己的修复力量，以此拯救我们的内在小孩。

有的时候，我们似乎更倾向于顿悟，即期待一句话可以让自己豁然开朗。事实上，任何一段文字或者任何人对我们说的一句话，都无法让我们体验"顿悟"的高光时刻。原因很简单——心中的未完成情结不是说完成就能完成，说放下就能放下的。因此，我们需要和内在小孩一起经历一些故事，让那些未完成情结得以完成，重新诠释那些记忆，从而走出创伤。

走进心中的秘密花园

在当今快速发展的时代，我们都需要让自己安静下来，不被外界的事物、自身的情绪所左右，因为那些是阻碍我们探索修复力量的绊脚石。如果心灵没有平静下来，就无法被触及，因此隐藏的内在小孩就不会被看到。或许你和大多数人一样，也有过这样的经历：当你非常焦躁的时候，你会觉得全世界仿佛都跟你对着干，你被周围的一切"围攻"，而你则像无头苍蝇一样在跟你对着干的世界里周旋。事实上，是你忽略了心底最初的需求。

我曾有过一段类似的经历。刚做过手术不到一年的父亲在例行复查中确诊发现肿瘤肝转移，由于我有医学背景，因此我很清楚这意味着什么。不过，我不想放弃，父亲仅年过六旬而已。后来，主治医生综合了各方因素，先行化疗。非常不幸的是，经过三个周期后，化疗和靶向药物只是控制了癌细胞没有继续扩散，但癌细胞并没有一点消退的迹象。医生非常谨慎地跟我说明情况，同时也给出了一些相应的方案，但是最终的效果都不确定。于是我开始失眠，几乎整晚都睡不着。这是我人生中第一次经历这么严重的失眠。当时我试着让自己放松下来，但是无论如何都做不到。我意识到自己的状态很严重，但是这样焦躁也是无济于事的。于是，在一个失眠的深夜，我走进了心中的秘密花园去寻找答案。答案找到了，我也安稳地睡着了。第二天，我开始有条不紊地配合医生为父亲安排一切治疗、会诊等，直到两年多以后父亲离世，我都再也没有失眠过。

以下是我走进自己的秘密花园与我的内在小孩的对话。

我：你在为什么而烦躁不安？

我的内在小孩：我不知道该怎么选择！

我：怎样才能知道如何选择呢？

我的内在小孩：确定每一种方案的利弊。

对话后，我觉察到自己的焦虑来源于不知道如何选择，而我要做的就是确定每一种方案的利弊，那么如何选择的答案就出来了，焦虑的冲突也就消失了。

秘密花园是每个人内心深处的一个安静、安全的场域，它独属于自己，没有别人知道那里的一切，所以它是秘密花园。当你来到这里，没有人会打扰你，你可以接触到你的任何一个部分，遇见你想遇见的任何一个内在小孩。

与内在小孩对话的过程非常简单，也能够快速地得到答案。这主要归功于这个能让我们感到平静、安全的秘密花园。与内在小孩对话，归根结底还是自己跟自己的部分或自己的子人格对话。如果被外在的事物、自己的情绪所困扰，那么对话是无法顺畅进行的，就如同在嘈杂的工厂，轰隆隆的机器声和流水线的加工声让两个人无法听到对方的声音。如果置身静谧的花园，只有蝴蝶飞过和花瓣落下的声音，那么，哪怕一方的一个眼神、一声叹息，都能被对方感受到。

因此，我们心中的秘密花园是我们内心的一个安全、平静的场域，它可以让我们坦然地面对我们所要面对的一切，更清晰地感知我们的内在，更全然地和内在小孩一起完成蜕变。

案例

在第 3 章张浩的案例中，在他找到内在小孩之后的一次咨询中，我带他进入了他的秘密花园。

张浩（以下简称"浩"）：老师，我的状态还不是很好。虽然我发现了一些问题，但我一直都在想我母亲的事，即便我已经长大了，对于她无声无息地离开也还是没有办法理解。我试图不去想，但是做不到。

心理咨询师（以下简称"咨"）：听起来你这几天过得很辛苦，或许是过去的感受再次出现，或许是又有了新的感受，你愿意多说说吗？难过的、开心的，都可以。

浩：本来我都忘记这些事情了，但现在它们又出现了。说实话，这对我冲击挺大的。我是该面对还是逃避呢？当我知道现在的问题源自哪里，尤其是我永远都不想碰的地方，真的是挺难受的。我该原谅她吗？

咨：你这几天确实挺难过的。不过，从上一次咨询结束之后，你竟然有了这么多的思考，最重要的是，你觉察到七岁那年的那件事可能是导致你今天心理状态的根源。我想，你的思考力和觉察力能帮助你更快地走出阴霾。

浩：我女朋友也跟我这么说。这些天我突然发现不管我的情绪是好是坏，她都一直在我身边陪着我。以前我都是觉得是自己一个人在扛、在承受，现在才发现她其实一直都在我身边，只是我被那些不好的情绪包围着，忽视了她一直在我身边，她可能是不知道该怎么帮我吧。

咨：我比较好奇，发生了什么事让你产生了这样的想法？

浩：不知道，我也觉得奇怪。不过，这几天也算是有点开心的感觉。

咨：非常好。你还有什么想要说的？如果没有，那么我想在接下来与你一起在你的内在探索新的东西，以帮助你处理你和你内心那个被抛弃的小孩。

浩：应该没有什么了。不过我更想知道我该不该原谅我母亲。

咨：理解，我们的目标是一致的，只是我不会用道德或道理来说服你原谅或不原谅，而是通过心理学的方式，让你自己完成未曾完成的，包括未说出的话、未发泄的情绪，然后回归到你的内心。至于是否要原谅，答案会自然而然地呈现出来。实际上，我们上次看到的那个被抛弃的七岁小孩一直在帮你保存你很多的情绪，如愤怒、压抑、不满等，他希望你可以在合适的时机表达出来。虽然上一次你也说了很多，但是有些事可能被压抑在最里层，我们需要慢慢地清理它们。

浩：明白。

咨：好，接下来请你轻轻地闭上眼睛，我要带你去感受不同的风景。先试着让自己完全放松下来……

我将邀请你去一个非常美丽的地方，这个地方在你的内心深处——你心中的秘密花园，只有你自己知道这里，其他任何人都不知道这个地方。这个秘密花园藏在你的内心深处，是一个你进来后就会感到安全、放松、平静、愉悦的地方……

这里的风景是独属于你的，这个世界上没有第二个人见过这里的风景，你可以看到周围的一切，这里的花、草、树木，甚至是建筑物等；你也可以闻到这里的味道，有着很熟悉的感觉；你可以听到这里的声音，或许有钢琴弹奏的声音；你还可以感受到这里所有的感觉……

告诉我，你的秘密花园是什么样子的？

浩：是一个院子。

咨：院子里有什么？

浩：有一些不知名的花，但是挺好看的。

咨：很好，还有什么？

浩：好像还有一块菜地，种了茄子和辣椒。

咨：很好，还有吗？这里是一个院子，这个院子的前后左右还有些什么？

浩：有一个房子，院子周围有栅栏，还有一扇大铁门。

咨：非常好。这里是你心中的秘密花园，当你来到这里后，你会感觉到安全、放松、平静和愉悦。这里的什么事物让你感到舒服，或是这里的什么地方让你感到最安全、放松、平静和愉悦？

浩：房子的前面有一个小凉亭，可以躺在里面乘凉。

咨：这个地方你曾经来过吗？

浩：没有印象。

咨：非常好，接下来请你静静地躺在凉亭里，感觉凉亭外的太阳照在院子里，微风轻轻地吹拂你的身体，你可以听到院子里的植物发出的沙沙声，而最让你感觉舒服的是惬意地躺在凉亭里感受凉爽的微风，这里是让你最安全、最放松、最平静和最愉悦的地方……

这样我们就简单地帮助张浩找到了他的秘密花园。张浩是在心理咨询师的引导下，找到并进入了自己心中的秘密花园。事实上，你也可以独自找到秘密花园。要知道，找到自己的秘密花园并不一定是在有了心理问题后找心理咨询师或心理医生进行的工作内容。秘密花园是积极、正向的场域，对于有心理创伤的人而言，它是疗愈的积极因子；对于普通人而言，它是可以让自己回归本心的地方。因此，每个人都可以通过冥想的方式来到自己的秘密花园，在秘密花园中接受自己内心深处所有正向的、积极的因子。

练习7　秘密花园的冥想

你可以用录音笔录下下面的冥想文，找一种舒适的方式进行冥想，也可以处于一个舒适的位置，轻轻地朗读这段冥想文。不过，不管是录音还是自己朗读，都不要用诗歌朗诵的方式，最好用平静而低沉的音调，因为我们的潜意识更容易接受低频音。在完成冥想之后，请用画笔将你内在视觉看到的一切画下来。每个人的秘密花园都是不同的，这个练习只能引导你找到秘密花园，具体的花园造景还需要你自己去填充。这个花园或许是你曾经去过的地方，或许是你在影视作品中看到的，最可能是你的内在自己建构的。它是一个只有你自己知道的花园，其他任何人都没有见过它的样子。

秘密花园的冥想文如下所示：

我开始让自己的身体放松了，就像一片花瓣轻轻落在我的头顶，我感觉头顶完全放松下来，接下来花瓣划过我的额头、我的脸颊，额头和脸颊也放松下来……调皮的花瓣又划过我的身体、我的胳膊和腿，它们也都放松下来……最后我的手和脚都放松下来……

调皮的花瓣被风轻轻地吹了起来，我专注地看着它，它缓缓地往前飘，我也跟着它飞了起来……它要带我去一个地方，是我心里的地方，那个地方是我内心感到最安全、最放松、最平静、最愉悦的地方……我紧紧地跟在它的后面，它有时非常顽皮，上蹿下跳的，但是我欣喜地跟着它，因为它要带我去的是我向往的地方……

我一不小心，眨了眨眼，当睁开眼睛时，我被眼前的一切迷住了。花瓣告诉我，这里就是我向往的最安全、最放松、最平静、最愉悦的地方，我睁大眼睛看着眼前的一切——我内心的秘密花园。

我朝左边看过去，_____①

我又看向右边，_____

接着，我转身，看看我的身后，_____

四周的一切，都是那么美好，_____

我可以感受到这里的味道，很熟悉的感觉，_____

---

① 本冥想文中的"_____"代表你想象中看到或感觉到的内容。

我也可以感受到这里的温度，很舒服，_____

我还可以听到这里的声音，像美妙的音符一样，_____

我将用我的一切感知觉，记住这一切！

花瓣问我，这里的什么地方让我感觉最安全、最放松、最平静、最愉悦？我环顾四周，找到了一个让我感觉熟悉的地方，并且以最舒适的姿势留在这里，感受所有的一切。此时，我的心是舒适的、惬意的。

花瓣再次飘到我的头顶，我感觉像是花瓣雨轻轻落在我的头顶、我的身上，然后落到地面，有点浪漫和美妙。花瓣雨中有各种颜色的花瓣，红的、粉的、黄的、紫的、白的，洋洋洒洒地落下来。

花瓣说，这是一种洗礼，所有我不需要的东西都会在这洗礼中被带走，只留下我想要的、我期待和期望的。

接下来，我要告诉花瓣，请它们把我不想要的东西、不好的情绪、身体的不适等统统带走。我想要留下来的是我最珍贵的东西，包括我的健康、快乐、美好的回忆。还有，我要想想我期望和期待的，这些也非常重要，当它们以意念出现在花园中时，它们就已经来到了我的世界。

接下来，我要带着那些珍贵的东西慢慢地回到现实。那个让我感到最安全、最放松、最平静、最愉悦的秘密花园就这样驻留在我的心中，我在任何时候都可以来到这里，这里完全属于我。

睁开眼睛，将你刚刚感受到、看到、听到的一切画下来。请保存好这幅作品。当你再次来到秘密花园时，你可能会发现它变了，或是在以前的基础上增加或删减了一些东西。这些都是正常的，伴随着我们不断的成长，智慧的潜意识也会为秘密花园升级。如果你愿意，可以搜集你不同时期的秘密花园，你会遇见更多惊喜。

找到秘密花园中蕴藏的宝藏

前文多次提到，疗愈的本质是激活我们自身内在的力量。从子人格的概念来说，就是找到我们内在积极、有疗愈力的子人格去帮助那些受创伤的子人格。本书将其定义为我们内在的宝藏。它既可以疗愈我们，也可以带我们步入更美好的生活。因此，寻找内在的宝藏适合任何想提高精神生活品质的人。当然，对于帮助受创伤的内在小孩，它们是难能可贵的疗愈因子。

案例

在张浩的案例中，我们继续在他的秘密花园里工作。

心理咨询师（以下简称"咨"）：静静地躺在凉亭里，感受这里所有的一切。这个秘密花园里蕴藏了无数宝藏，这些宝藏都是你的资源，也是你的内在力量，可以帮助你疗愈，帮助你带被抛弃的内在小孩回家。因此，请你尽最大努力去感受，你内心深处的这个秘密花园里所蕴藏的疗愈宝藏是什么？藏在了什么地方？今天，请你找到五个宝藏。让我们一起去帮助那个七岁的小男孩。

请你在花园里找找看……找到第一个，它在花园的什么地方？它是什么？找到了就请告诉我。

张浩（以下简称"浩"）：是一块蓝宝石，在凉亭的椅子下面。

咨：非常好，请你告诉我，这块蓝宝石代表了什么可以帮助到那个七岁男孩？

浩：（沉默片刻）安全感。

咨：很好。请将这块蓝宝石轻轻地放在你的手心，尽最大努力发挥想象力……这块蓝宝石开始慢慢融入你的手心，并完全融入你的身体，它所代表的安全感也慢慢融入你的身体。在它完全从你的手心进入你的身体后，安全感也完全进入了你的身体。蓝宝石所代表的安全感本来就是你所拥有的，此刻我们只是用了一种特殊的方式找到它，并将其归还你的身体，同时激活你内在安全感的力量，它将和你一起帮助那个七岁的男孩（部分内容省略）。

接下来，请继续发挥你的想象力，去找到第二个宝藏，它也是你内在的一个疗愈因子。它是什么？藏在什么地方？如果找到了，就请告诉我。

浩：是一个冬瓜，结在墙上。

答：很好，请你告诉我，这个冬瓜代表了什么可以帮助到那个七岁男孩？

浩：勇气。

答：很好，请你轻轻地用双手抚摸这个冬瓜，在抚摸的同时，你会感受到冬瓜上的勇气正通过你的指尖轻轻地流入你的身体，触电一般的感觉，让你浑身充满了勇气。接下来，请张开双臂，环抱住这个冬瓜，在你抱着它的时候，你身体上所有接触到冬瓜的部分就都像触电一般，那股勇气的力量完全进入了你的身体，你开始感到浑身充满了勇气。你感觉冬瓜就像一股电流，慢慢地融入你的身体，直到完全融入，此时你也感觉到你再次激活了你的勇气，你身体的每一个细胞都充满了勇气。你内在勇气的力量被永久地激活了，它将跟你一起去帮助那个七岁的男孩（部分内容省略）。

你做得非常好。接下来，请继续发挥想象力，去找到第三个宝藏，它也是你内在的一个疗愈因子。它是什么？藏在什么地方？如果找到了，就请你告诉我。

浩：是我现在的女朋友，她和我一起在凉亭里。

答：很好，请你告诉我，你现在的女朋友来到你的秘密花园里，她代表了什么可以帮助到那个七岁男孩？

浩：爱。

咨：非常好。你的女朋友代表着爱，她来到你内心的秘密花园，将和你一起激活你内心深处爱的力量。现在，请你轻轻地拉起她的手，感受你们之间的爱在你们的手心自由穿梭，爱的力量传递到你的心脏，你感受到了满满的爱。你看向你的女朋友，似乎她也有着同样的感受。请轻轻地拥抱她，她也轻轻地拥抱你。你开始感觉到更加猛烈的爱在你们的身体中自由地流动，你内心的爱的力量完全被激活了，你还会感觉到你的女朋友身体上涌现出更强烈的爱，这个拥抱让你们心底的爱被完全激活。轻轻地松开彼此，你会感觉到被永久激活的爱在全身流淌。

非常好。接下来，请继续发挥你的想象力，去找到第四个宝藏，它也是你内在的一个疗愈因子。它是什么？藏在什么地方？如果找到了，就请你告诉我。

浩：一块鱼化石，埋在花园的地底下。

咨：很好，请你告诉我，这块鱼化石代表了什么可以帮助到那个七岁男孩？

浩：成长。

咨：很好，这块代表成长的鱼化石告诉了你如何成长，或者说它将如何帮助你成长？

浩：记住该记住的事情，忘记没有意义的事情。

咨：非常好，此刻这块鱼化石告诉你该记住什么？

浩：妈妈是爱我的。

咨：非常好，请你轻轻用手触摸这块鱼化石，上面或许有棱角和凹凸，它代表了成长，此刻成长就是记住该记住的，即妈妈是爱我的，并忘记没有意义的事情。将这块鱼化石轻轻地放在花园的一个显眼的地方，这样未来你每次来到这里时都可以看到它，它代表着你会不断成长，记住这个世界上还有很多人是爱你的。此刻我们重新唤醒了你曾经的记忆，即妈妈是爱你的。如果放好了，就请告诉我。

浩：放好了。

咨：非常好。接下来，我们要找第五个宝藏，它也是你内在的一个疗愈因子。它是什么？它藏在什么地方？如果找到了，就请你告诉我。

浩：一辆自行车，放在花园栅栏的旁边。

咨：非常好，请你告诉我这辆自行车代表了什么可以帮助到那个七岁男孩？

浩：自由。

咨：很好，此时此刻，代表自由的自行车会如何与你一起帮助那个七岁男孩？

浩：不知道。

咨：你做得非常好，请你专注地看着这辆代表着内在自由力量的自行车，你可以用手轻轻地抚摸它，感觉一下它可能会告诉你什么？它如何与你一起帮助那个七岁男孩？这个男孩似乎很需要自由或这辆自行车。

浩：不会受到控制。

咨：非常好，这辆代表着自由的自行车会带着你们摆脱什么？

浩：压抑。

咨：自行车是如何帮你们摆脱压抑的？

浩：自由地在马路上骑行。

咨：非常好，现在请你骑上自行车，出花园，来到马路上，感觉自己自由地蹬着自行车脚蹬，每蹬一下，或者自行车的轮子每向前转一下，你都会感到自己穿过了那些压抑的事物，可能是情绪，也可能是让你觉得压抑的某个人或某件事。继续蹬自行车，去感受那种自由和不受压抑、不受控制的感觉，你会感觉越蹬越轻松，因为你已经穿过一层又一层的压抑。接下来还差一脚，请你用力地蹬下去，在你蹬下去的同时，你会感觉你已经完全摆脱了压抑，不再受它的控制了，那种自由的感觉就像自行车长了翅膀，可以自由地飞，自由地前进。

现在，你已经在你的秘密花园里找到了五种神秘的宝藏，分别是代表着安全感的蓝宝石、代表着勇气的冬瓜、代表着爱的女朋友、代表着成长和记住妈妈是爱自己的鱼化石、代表着摆脱压抑并享受自由的自行车。在你内心的这五种宝藏已经永久地被激活了，你可以在任何你需要的时刻使用它们。

好，请你带着这五种力量睁开眼睛，完全地清醒过来。

浩：感觉好累啊！

咨：是的，你的内在刚刚做了很多工作，就像做了一个很长的梦，所以你的大脑会比较累。如果没有重要的事情，咨询结束后可以回家好好睡一觉，睡到自然醒。

浩：好的。

探寻花园里的秘密宝藏，其实就是探索我们潜意识中的积极力量，也可以说是积极的内在小孩。它们有无数个，而且都是本身就存在于我们的内在的。当我们忙碌或被情绪困扰的时候，它们被"雪藏"在潜意识的最底层；当我们在平静、不受外界干扰的时候，就可以有选择地激活它们，寻找秘密宝藏就是一种非常好的激活方式。在生活中，如果你需要一个积极的内在小孩，就可以使用这种方式来激活它，但你要明确你需要激活的是具有什么作用的积极的内在小孩。在疗愈受创伤的内在小孩时，心理咨询师通常都会请来访者自己去找寻积极的内在小孩。内在小孩的数量以3~5

个为宜，如果太少，作用有限；如果太多，潜意识也没有耐心去找。

不过，我不建议你自行使用上文中给张浩使用的方式，因为这个方式是心理咨询师根据来访者的情况灵活引导操作的。而在自行使用时你往往无法提前知道头脑中的意象会是什么，也无法灵活地引导自己。我在下面的练习8中将介绍一段可以自己操作的、探寻内在秘密宝藏的冥想文。你可以事先录音，然后找一个舒服的地方闭上眼睛聆听，也可以找一个舒适的地方读给自己听。请记住，用平静而低沉的音调。

练习8　探寻秘密花园中的宝藏

在自我成长练习中，建议分阶段练习寻找宝藏，一个阶段寻找一个宝藏，每个阶段的冥想最好持续7~10天，坚持每天练习。然后，再进行下一个阶段的练习，寻找另一个宝藏。

请先想一个你需要的积极力量或积极的内在小孩。下文将用"智慧"来做示范，你可以根据需要替换掉"智慧"这个词。

在寻找宝藏前，请先引导自己来到你的秘密花园。在不同时期，你的秘密花园可能会有所不同，但是这并无影响。当开始寻找宝藏的冥想时，用最近的秘密花园即可。你也可以在寻找宝藏的冥想前，先进行秘密花园的冥想。

以下是在秘密花园中找到宝藏"智慧"的冥想文：

> 我安静地坐在自己的秘密花园里，感受这里所有的一切，享受它带给我的安全、放松、平静和愉悦。
>
> 在花园的某个地方埋藏着一个宝藏，这个宝藏是我的内在智慧。先环顾一下花园，没有人知道宝藏在哪里，但当提到"智慧"的时候，我就知道宝藏在哪里了——它可能在花瓣里，也可能被埋在地下。我曾经亲手把它藏起来，现在回到这里，我可以非常轻松地找到代表着我的智慧的宝藏。

找到它，把它放在手心。无论它有多重、多大，我都可以很轻松地拿起它，因为它是我的一部分。我开始欣赏代表着我的智慧的宝藏——它的样子、它的颜色……它的一切。

当我的手心触碰到这个代表着智慧的宝藏时，我感觉仿佛有一股电流穿过我的身体，我身体中代表智慧的那个部分被激活了，智慧这股电流开始在全身流淌，流到每一滴血液里、每一个细胞里。我的手心再次去触摸这个代表智慧的宝藏，感觉它完全融入了我的身体，身体中的智慧被完全激活，感觉整个人精神抖擞、焕然一新，从现在开始，我将变得更加智慧。

此刻，我在我的秘密花园里找到了自己的那个代表智慧的宝藏，并且开启了智慧的开关，将智慧永久地激活了。它在我的花园里、我的身体里埋藏了许久，它本来就是我的一部分。此刻，永久激活的智慧将带着我开启新的、更美丽的人生篇章。

当我睁开眼睛的时候，我将带着更加智慧的自己清醒过来。

用宝藏疗愈受创伤的内在小孩

前文提到的秘密花园让我们的内心能有一个直面自己内心深处的场域，而不被外界的事物、情绪所扰动，从而专注于自己的内在。秘密花园中的宝藏是我们解决问题的资源，一旦我们找到了资源，问题自然就能得以化解了。

疗愈受创伤的内在小孩的核心是与其对话，而秘密花园和宝藏是我们与受创伤的内在小孩对话的优势资源，是顺利面对创伤、解开情结、修复记忆的奠基石。我们需要精心准备，让受创伤的内在小孩可以放下一切，直面创伤，获得疗愈。

我们还是继续张浩的案例，以便你能更好地理解用宝藏疗愈受创伤的内在小孩的过程。

案例

在张浩找到他疗愈内在小孩的五种资源后，我们开始进行与内在小孩的对话。与第6章的与内在小孩对话不同的是，我们带着资源，并邀请了他受创伤的内在小孩来到秘密花园，与他对话，让他长大。

心理咨询师（以下简称"咨"）：这几天有没有新的信息想跟我分享？

张浩（以下简称"浩"）：挺好的。我发现，这一周好像几乎没有那种不好的情绪。

咨：这是一个非常好的信息。你还有什么发现？

浩：就这些，这是上次你给我那些资源的原因吗？

咨：那些资源本来就是你的，我只是通过一个过程帮你再次激活它们，让它们更强有力地出现在你的世界里。

浩：这样啊。

咨：我们激活了一些优势资源，这让我们可以帮助那个被抛弃的七岁男孩，我们接下来就要开始这个工作，可以吗？你在这个过程中可能会比较辛苦，但是经历之后，可能会有一个新的觉察和感受。

浩：好的，我们开始吧。

咨：请闭上眼睛，让我们开始今天奇幻的心灵之旅。首先，来到你内心深处的秘密花园……（进入一段引导）。然后，请你再次感受你的五个宝藏……（再次进入一段引导）。接下来，请你感受你的身体，并感受安全感、勇气、爱、摆脱压抑的自由、成长和记住妈妈是爱自己的这五种力量在你的身体中冉冉上升的感觉……

我们将带着这五种力量去帮助你内心的内在小孩——那个被抛弃的七岁男孩。我们轻轻地朝秘密花园的大门走过去。这是一扇非常奇幻的门，推开这扇门，你可以去任何你想去的地方。因为我们要去帮助内在那个被抛弃的小男孩，那个妈妈一声不吭就离开他的七岁男孩，所以当我邀请你推开门的时候，你将回到七岁那年，放学回到家，感觉家里怪怪的，爸爸不让问妈妈去哪儿了，还跟你发脾气。在这里你是安全的，我会保护着你。现在，请你轻轻推开门，你看到七岁的张浩非常想知道妈妈去哪儿了，你看到七岁的张浩的崩溃……

接下来再去看看，七岁的张浩在那段时间还发生了什么。

浩：他很孤僻，有时脾气很暴躁，有时很沉默。没有人关心他。

咨：请你看着他，在过去的时空里，只有他能够看到你，你在这个时空里看到的任何其他人都看不到你。请你看着这个脾气暴躁、孤僻、沉默、没人关心、很想知道妈妈去哪儿了的七岁的张浩。接下来，请告诉他你来自未来的一个时空，并且在这个时刻，你有什么话想要跟他说，帮他度过这段危难的时光。

浩：我来自未来的时空，我是未来的你……我想跟他说，妈妈是爱你的。

咨：非常好。请你看着这个被抛弃的七岁男孩，直接跟他说。

浩：妈妈是爱你的。

咨：你还想跟这个七岁的男孩说什么来帮助他走出困境？

浩：没有关系的，大人的事儿，不该由小孩管，妈妈并没有不要我们，她是爱我们的。

咨：非常好，张浩，这次你穿越时空来到这里，你身上带了五个宝藏，分别是代表安全感的蓝宝石、代表勇气的冬瓜、代表爱的女朋友、代表成长和记住妈妈是爱自己的鱼化石、代表自由的自行车。请你把这些宝藏分享给七岁的张浩，这些宝藏可以帮助他。分享后，你们两个将同时拥有宝藏，你的并没有减少，还可能是成倍增长了。接下来，你想分享给这个七岁男孩的第一个宝藏是什么？

浩：爱。

咨：很好，请邀请代表着爱的你的女朋友来到这里，你牵着她的手，一起站在七岁的张浩面前。邀请你的女朋友和你一起各自握住七岁的张浩的一只手，三个人围成一个圆圈，你仿佛看到了爱在你们之间流动，而且流动让你们之间的爱越来越多。你看到爱开始在七岁的张浩的身上流动，他的身体中充满了爱，就像电池充满了电一样。接下来，你和你的女朋友可以轻轻放开七岁的张浩的手，他的身体里已经充满了爱，你已经将爱的力量分享给了他。接下来，请你更专注地看着七岁的张浩，请你告诉他，爱的力量可以如何帮助他度过这段难熬的时光。

浩：如果你有了爱，你就不会孤独了，也不用在乎别人是不是关心你了。

咨：非常好。当你跟七岁的张浩这么说的时候，他跟你说了什么？

浩：他说他很开心。

咨：很好，接下来你要分享给他的第二个宝藏是什么？

浩：鱼化石。

咨：这块鱼化石代表了成长和记住妈妈是爱自己的。

浩：是。

咨：请将这块鱼化石放在手心，并邀请七岁的张浩将手放在鱼化石上。这股成长的力量就在他的身上传递，你发现记住妈妈爱他的力量开始在七岁的张浩的体内扎根，并向他的全身扩散。你还会发现他也在跟着成长，

第7章 修复创伤、记忆和情结

你能感受到他体内发生了微妙的变化。当记住妈妈爱他的成长力量充满七岁的张浩的身体后,你们就可以轻轻松开手,那块鱼化石又会完全地回到你的身体里,它一直在你的身体里,当你需要的时候,它就会出现。接下来,请再次专注地看着被抛弃的七岁的张浩,请你告诉他,记住妈妈爱他的力量将如何帮助他度过这段难熬的时光。

浩:你现在还小,保存好妈妈曾经如何对待你的那些记忆,妈妈没有不要你。妈妈曾无微不至地为你做每一件事,在有限的条件下,她尽量为你做到最好。有一天,这些记忆会帮你找到答案。

咨:很好,七岁的张浩听到这些后,他跟现在的你说了什么?

浩:他低下头没有说话。

咨:关于帮助他度过现在难熬的时光,你还有什么要跟他说的?

浩:我想说,妈妈有不得已的苦衷,别再为妈妈离开这件事而放不下了(抽泣)!

咨:(待他稳定下来后)我想,你或许很想与七岁的张浩分享一些你后来知道的事情,以及你后来的感受,比如妈妈的苦衷、家里的变故。关于这些,七岁的张浩不知道,也理解不了。现在,你可以用他能听懂的语言或方式跟他说说,你可以选择在心里默默地说,他可以听到,也可以选择大声说出来。说好后,请你告诉我。

张浩选择在内心默默地说。他在说的同时,面部表情变化复杂。几分钟后,他的面部表情慢慢平静下来。

浩:我说完了。

咨:七岁的张浩听到后,跟你说了什么?你可以选择让他在你心里默默地说,这样只有你自己知道。他说完后,请你告诉我。

张浩选择让其在内心默默地说。

浩：说完了。

咨：很好，你们两个的对话，到这里可以结束了吗？

浩：可以。

剩下的三个宝藏让张浩用同样的方式分享给被抛弃的七岁男孩，然后告诉他如何渡过难关。剩下的三个相对轻松一些，最难的是第二个。也许第二个宝藏与张浩能量堵塞的地方密切相关。现实中成年的他已经知道了事情的原委，但是那个七岁的张浩不愿意接受这些，或者说非常执拗地停留在那个时间点，满腹被抛弃的感觉。这个受创伤的内在小孩需要母亲的一个解释，带他走出孤独无助。成年后的张浩一直备受困扰，成了一个有心理问题的人。其实拯救那个被抛弃的内在小孩的人，绝对不是他的妈妈，而是他自己。也就是说，只有自己才是拯救自己的人。

每个人都可以唤醒那些曾被自己无视的积极力量，这是我们的积极的内在小孩，也是我们的武器和支持、积极的力量。前面分享的冥想文可以唤醒你自己的积极的内在小孩，但是对于如何让积极的内在小孩疗愈受创伤的内在小孩，我建议向专业人士寻求引导和帮助。

练习9 启动内在宝藏

我们的内在宝藏就是我们的内在资源。如果我们只是找到它们却不使用，那么过些时日，它们可能又会慢慢地在你的世界中隐藏起来。因此，我们需要时不时地去启动它们。

启动的方法非常简单，只需借助表7-1循序渐进地做启动练习即可，一段时间后你将发现自己发生的变化。

我建议你每隔一段时间就帮助自己找到一个宝藏，在生命的低谷期，可以为自己找到 10 个以上的宝藏。请你在找到每一个宝藏之后，间隔 2~5 天开始启动内在宝藏的练习。

你可能无法一次性地完成这个练习，建议你找一个比较安静的环境，在一天内分 2~3 次完成。遵循自己的感觉写下来即可，即便你觉得是天马行空的内容也没有关系。很多人自以为正确的决定并非经过理性的缜密思考和逻辑推理，而是信赖自己当下的感觉。在启动练习之前，请提前几天完成秘密花园的冥想和寻找内在宝藏的冥想。在开始本次练习时，请闭上眼睛，先让自己的意识来到秘密花园，然后找到这次要启动的宝藏。曾经冥想过的场景也会跟随你的意念出现。宝藏的意象出现之后，就可以睁开眼睛进行接下来的练习。

本章的三个练习可以按照以下的安排进行：

- 第一天：秘密花园的冥想（见练习 7）；
- 第四天：寻找内在宝藏的冥想（见练习 8）；
- 第七天：启动内在宝藏（见练习 9）。

中间休息一周，然后去找第二个宝藏。

表 7-1　　　　　　　　　　　启动内在宝藏表

我的宝藏：_____（填写你意象中的宝藏）
代表着我的：_____（填写你想要的正向、积极的部分，如"智慧"）

序号	它将会影响我生活中的哪些方面	是如何影响的	我期望的结果是什么	这个结果会在多久内完成	完成后打"√"
1					
2					
3					
4					
5					

表 7-1 中"我的宝藏"和"代表着我的"部分，是在练习 8 中觉察到的。每做一次启动练习，就使用一张表格，它代表着你本次想要启动的宝藏。

关于"它将会影响我生活中的哪些方面"的问题，需要你在秘密花园里安静地从潜意识中发现答案，潜意识中的声音告诉你什么，你就睁开眼睛填上。建议最好发现五个以上的影响方面。你在秘密花园里可能会一次性发现所有影响方面，也可能一次只发现一个方面，如果是这样就多进行几次。尽可能多地发现能够影响你的方面。

关于"是如何影响的"的问题，潜意识中的答案非常重要，同样需要你在秘密花园里安静地从潜意识中发现答案。每一个影响方面都可能有很多的影响方式，因此要把潜意识告诉你的答案都填上。

关于"我期望的结果是什么"的问题，是你针对"影响的方面"的目标，也是本次启动的一个重点内容。它代表了此次启动宝藏的目的地，或是你将要用这个宝藏帮助自己做到什么。这同样需要你在秘密花园里安静地从潜意识中发现答案。

关于"这个结果会在多久内完成"的问题，代表着一个时间期限，同样需要你在秘密花园里安静地从潜意识中发现答案——潜意识明确的一个完成期限。

表 7-1 既可以一次性完成，也可以分次进行。总之，用你觉得舒适的方式完成冥想并把答案填在表格里就好。

表 7-2 是启动内在宝藏表的示例。

表 7-2　　　　　　　　　启动内在宝藏表的示例

我的宝藏：<u>樱桃</u>（填写你意象中的宝藏）
代表着我的：<u>智慧</u>（填写你想要的正向、积极的部分，如"智慧"）

序号	它将会影响我生活中的哪个方面	是如何影响的	我期望的结果是什么	这个结果会在多久内完成	完成后打"√"
1	人际沟通	在我拥有了智慧之后，会更容易理解对方所表达的内容，在与对方沟通时也会更有技巧	与任何人都可以自如地沟通	六个月	
2	情绪管理	在我拥有了智慧后，我可以厘清影响我情绪的事件，让我看到情绪背后的真实需求，然后用温和的方式表达自己的需求；智慧会让我更有力量	遇事不惊，情绪稳定	四个月	

未来人——来自未来的声音

所谓"未来人"，是来访者自己在未来的某一个时空的状态。在疗愈内在小孩时，心理咨询师有时会引导来访者进入这个状态，通常会找到来访者未来最辉煌的时刻，比如未来最幸福（或成功、或快乐等）的某个时间点，具体会根据来访者呈现出来的那个需要被疗愈的内在小孩是什么样的来确定。

有些人可能会问，未来人是不是来访者未来真实的状态？这个问题如同"是先有蛋还是先有鸡"。不过，在我们咨询案例的回访中发现，有的来访者在那个时间点之后实现了未来的样子；有的来访者在那个时间点之后没有得到吻合的答案；有的来访者还没有到达那个时间点。

未来人是来访者当下期待的一个理想化的子人格状态，这个子人格还没有在来访者身上呈现出来，只是来访者期待的、理想中的状态。有的人非常执着地在未来的某段时间里帮助自己构建这个理想子人格，于是在未来的时间点与自己的真实状态发生了吻合，而有的人可能没有那么执着。

将"未来人"的概念引入来访者的潜意识，帮助来访者疗愈其受创伤的内在小孩，同样是借助了来访者的内在资源。其实，未来人也是一个内在资源，即来访者所期待的子人格也是一个积极的疗愈因子。因为我们内心的每个期待或对自己完美、理想化状态的追求，都会形成我们内在的一个动机，这也是我们内在的一个健康的对未完成事件的趋力。为了让期待、理想、完美趋于完成，我们会竭尽所能。如果我们有一个意象，即这个期待的理想化的"我"是存在的，我们就会更竭尽全力地去完形。因此，未来人就是一个在潜意识中存在的积极因子，只不过存在于未来的某个时间点罢了。未来人有什么积极作用呢？

第一，暗示自己未来会成为这样的人。设想一下，如果有人说虽然你现在生活得不怎么样，但是三年后会遇见一个贵人，他会改变你的命运，让你事业有成。你听到这样的话后，会不会非常开心？不管是真是假，你都会非常开心，而且可能开始留意身边的每一个人，认真对待他们，说不定某个人就是你的贵人呢。因此，引入未来人的概念对来访者而言是一个积极的暗示。

第二，它是趋于完成积极子人格的动力（前文已说明）。

第三，它是内在自我的一个立体整合，完成内在系统之间的联结。一个人在过去经历了创伤，然后形成了受创伤的内在小孩。现在他被创伤折腾得有点崩溃，但在未来的某个时间点，他有了一个好的状态，不再被过去的创伤困扰。引入未来人，相当于将这个人在三个时间点的状态拉到一个时空里，未来人分享他的成功经验，并告诉现在的自己痛苦是短暂的，告诉过去的自己如何解开创伤事件造成的情结，最后皆大欢喜，各自回到自己的时空。虽然过去和未来对于当下来说是虚空的，但是对于现在的自己而言，经过跨时空的对话后，阻塞的能量被打通了，未完成情结解开了。

既然未来人是内在资源因子，那么它应用起来就和宝藏的应用非常相似，只是需要将宝藏换成未来的某个时间点的自己。这个时间点不是心理咨询师设定的，而是来访者在潜意识中搜寻的一个自己在未来世界中最幸福（或成功、开心等）的时刻。事实上，没有人知道真实的未来会发生什么，会不会生病或死亡等。因此，这里的未来，其实就是一个投射。

练习10　未来人的冥想文

对于希望未来人帮助当下的自己走出创伤的人，我也不建议他引导自己找到未来人。对于想自我成长的普通读者，可以运用以下冥想文，以帮助自己找到未来人。同样，这个冥想也需要你先引导自己来到你的秘密花园。其他的具体要求跟本章前面的冥想要求一样，你只需根据自己的状态调整即可。

首先，你需要在开始之前，确定自己要找到一个什么样的未来人，比如最幸福、最成功的未来人等。

其次，你要明确这个未来人是什么状态，即让你的潜意识更清楚地了解你的具体需求。每个人想要的都是不一样的，以幸福为例，有的人想要的是老婆孩子热炕头，有的人想要的是功成名就，因此要具体化。不过，请你不要过于夸大你的需求，而要将你的需求具体化，并贴合你当下的状态。比如，你是一名高中生，对你来说未来最成功的时刻可能是自己的一幅漫画作品得到了周围人的认可。

接下来，就可以开始你的冥想了（我以上文中高中生最成功的时刻——漫画作品被周围所有人认可为例。你在冥想时，根据自己的需求替换就好）。

未来人的冥想文如下所示：

我要开启秘密花园里的另外一扇门，这是一扇非常奇特的门，推开它，我就会来到未来的一个时空里。那个时空是我这一生中最成功的时刻，我的漫画作品得到了周围所有人的认可。

我轻轻推开这扇门，它发出了吱吱的声音。透过门缝，我看到里面透过来金灿灿的阳光。随着门慢慢打开，金灿灿的阳光越来越亮。当门完全被打开的时候，金灿灿的阳光吸引了我。我往前一步，便进入了未来的时空，那个时空是我这一生中最成功的时刻——我的漫画作品得到了周围所有人的认可。

我的双脚完全踏入了金灿灿的光辉中，我看到一个跟我长得很像但更精神抖擞的人在展示他创作的漫画，周围的人满眼的羡慕，并发出赞美的声音，所有人都表达出对他的认可与欣赏。

他就是未来的我，我为我能取得这样的成就感到兴奋。我也向他走近，表达我对他的赞美：我是过去的你，你是未来的我，我真的非常高兴你能有如此的成就（请你去感受未来的你给予你的回应）。

我在此刻有很多的问题想要问他，他也非常耐心地回答我的问题。

未来的我，请你告诉我，这幅漫画作品被所有人认可的此刻，你是多少岁（请你去感受未来的你给予你的回应）？

未来的我，请你告诉我，在未来的几年我要怎么做，才能成为你现在的样子（请你去感受未来的你给予你的回应）？

未来的我，请你告诉我，在我成为你的样子之前的这段时间，我可能会遇到一些挫折，我该如何应对这些挫折（请你去感受未来的你给予你的回应）？

未来的我，请你告诉我，在我们迈向成功的路上，你有什么要叮嘱我的（请你去感受未来的你给予你的回应）？

你也可以根据自己的实际情况跟你的未来人对话，但是问题一定要落在行为层面，否则没有任何意义。完成对话后，你可以带着未来人给予你的力量完全地清醒过来。

第 8 章

重建内在小孩

> 没有什么比重新建构能让人更快地走出曾经既定的创伤思维了。

第 8 章 重建内在小孩

重建内在小孩，也可以说是人格重建。正如第 1 章所说，内在小孩的本质就是我们的一个子人格。人格重建并非像电脑系统格式化，然后重新安装系统那样。本书说的"重建"是基于子人格的概念，即重建一个子人格，重建一个正向、积极的内在小孩。通常来说，一个人的主人格是恒定的，除非遭遇重大的变故。不过，如果一个人的内在不断增加正向、积极的子人格，那么其内在的主人格也会随着时间的推移不断发生细微的变化，直至整体人格系统的变化。

重建内在小孩有两个层面。（1）针对受创伤的内在小孩，我们修复其创伤、还原其记忆、解开其情结，进而让这个内在小孩获得重生。此时我们需要重新给这个内在小孩下定义、重新命名，即把这个受创伤的内在小孩重新建构成一个积极的内在小孩。（2）在内在创建一个新的内在小孩。第 7 章介绍的在秘密花园中找寻宝藏，也是一种重建内在小孩的方式，只是以宝藏或是内在的一个小的闪光点的形式，比较含蓄，没那么明确。在本章中，我们将阐述如何更明确地种下一颗子人格的种子。当然，更重要的是如何利用子人格的积极的疗愈力量帮助受创伤的内在小孩。因循这样的方式，我们会获得更多具有积极意义的内在小孩，从而改变自己的整个内在系统。

受创伤的内在小孩的重生

在完成创伤的修复工作后,大多数来访者通常都会选择和心理咨询师结束咨访关系。因为这时来访者内在阻塞的能量已经疏通,生命重启了趋于完成的循环。对于每一个为受创伤的内在小孩所困的人而言,能够回归简单自然的正常生活,就是再好不过的结局了。在接下来的时间里,他们会用自己的生活经历慢慢地重新建构那个内在小孩。正如本书多次提到的,人本身就具有自愈的能力,当那些阻塞的能量疏通了,人类自身的自愈系统也开始正常运转。在我们的内在系统中,重建内在小孩会无声无息地进行,直到有一天你发现自己的蜕变。因此,有时心理咨询师的干预是没有意义的;有时通过外在力量的干预(如心理咨询师的咨询行为),让受创伤的内在小孩重生具有更重要的意义。重建,是干预的方法之一。

每个人的思维、行为模式都存在某种惯性,虽然疗愈了受创伤的内在小孩,但是曾经被内在小孩影响的那些惯性思维、行为模式依然存在,这时人们就会产生一种断层的感觉:意识层面已经开始指挥自己朝着一个积极、正向的方向前进,但潜移默化的惯性模式却让我们最终南辕北辙。这并不是内在小孩在闹情绪,而是我们需要时间来慢慢适应新的感觉,从而重建内在小孩。

这时,我们更需要内在小孩的重生,即重新建构你的受创伤的内在小孩。

案例

在第 4 章玉凤的案例中,我们后期还开展了对话和在潜意识中寻找资源的工作。在结束之前的几次咨询中，我曾建议她考虑一下是否终止咨询，同时向她说明，终止不是拒绝，而是在一个阶段的疗愈结束后，让她有时间休整。尽管永远都不需要来拜访心理咨询师是最好的结果，但在终止咨询的3~5年后，来访者再次拜访也是很正常的。此外，我会建议我的每一位来访者在休整一段时间后，可以以每个月或每个季度一小时的频率来进行咨询，玉凤也不例外。

玉凤只有在确保一切都很安全的情况下才会敞开心扉。一旦她认同了，她就有可能完全地信任心理咨询师，并完全放开自己。这并不是一件坏事。对于这种情况，如果后续没有跟进，她的惯性思维、行为可能就会诱使她回到原来的模式，这不是一个好的结果。而且在发生这样的状况之后，玉凤可能很难再有机会疗愈自己了。因为在玉凤看来，自己尽全力地信任一个人、一种方式，到头来却全盘输掉，这种打击几乎是毁灭性的，从而让她再次固化了这样"自恋"的想法：我的问题是独一无二的，没有任何人可以解决。因此，我们要乘胜追击，在疗愈创伤之后重建内在小孩，以帮助玉凤阻断旧的思维模式的反扑。

玉凤的秘密花园有点像武侠小说中绝世高人的居住地：在一座很高的山上，峰顶是一个平台，摆放着一张石桌和四个石凳，平台下面有一个山洞，大概是可以住人的地方。在山顶上可以看到这座山周围高低起伏、雾气缭绕的山峰和郁郁葱葱的山林。

在经历找到"宝藏"的咨询后，我建议她重建内在小孩，玉凤同意了。我也告诉她，在这次重建之后，我们还需要再进行三次左右的咨询，就可以适时延长咨询时间或是终止咨询了。这一次，玉凤没那么大的反应了。

以下是我和玉凤一起重建内在小孩的工作对话记录。

心理咨询师（以下简称"咨"）：接下来，我们要开始重建那个内在小孩。在开始之前，我想和你聊聊你对她的期待，也就是她在接受你给予她的五种力量——自信、勇敢、沉稳、放松、感恩之后会变成什么样，或者你期待她变成什么样。

玉凤（以下简称"凤"）：不知道，应该挺好吧。

咨：当然，一定很好，如果我们来详细描述一下这个"好"，那么会是什么样的？

凤：嗯……

咨：想到什么就说什么，哪怕是天马行空的想法也无所谓，我们先来聊聊。

凤：说不好，其实我一直都期待自己是一个心里有什么想法都可以不用瞻前顾后直接说出来的人，当然，有些时候可以委婉点。然而，现实中的我，往往都不太敢把自己的想法说出来。

咨：很好。不过，我还是想了解一下，你的这个期待与那个内在小孩有关系吗？

凤：应该有吧。可能是童年的经历让我成了一个讨好型的人。

咨：我还想了解，如果我把那个内在小孩重建成一个敢于表达自己真实想法的内在小孩，你将会发生怎样的变化？

凤：我应该会在说出自己的想法时不再顾及那么多，想说就说。真的，其实有些事情没必要顾及别人，说了也没什么大不了，但我就是绕弯子。

咨：正如你刚刚说的，这跟你的童年经历有关，或者跟我们疗愈的那个内在小孩有关。那么，在经过疗愈之后，你的这种顾及别人而不敢表达自己想法的状态发生了什么变化？

凤：我感觉自己变得敢于说出一些想法来了，还是有变化的。

咨：就像今天你跟我表达想要结束咨询。

凤：是的。

咨：或许我们今天重建内在小孩以后，你会发生质的变化。

凤：好的。

咨：在现实生活中你周围的人，或是历史人物、影视剧人物，或是当代名人、政治人物等，你认为谁具有敢于表达自己内心真实的想法这种特质？这个人还需要是你比较崇拜的。

凤：徐惠。她是唐太宗李世民的妃子，才华出众，能说会道。当年唐太宗频起征伐、广修宫殿，徐惠不顾及自己嫔妃的身份，上疏极谏，剖析常年征战、大兴土木的害处。不像我这样的人，不敢说，或者净挑好的说，讨人家开心。

咨：好的，你提到徐惠有几个特质——才华出众、能说会道、敢说敢言，还有补充吗？

凤：还有一点，我很欣赏她的勇气，她有勇气在男权社会里说出自己的见解。

咨：也就是说，你欣赏徐惠的勇敢特质，也期待自己可以像她那样有勇气，像她那样为人、说话，并且有勇气做真实的自己。

凤：是的，老师，就是这样！

咨：那我们就准备开始。我将带着你做重建内在小孩的冥想。

闭上眼睛，让自己进入完全放松的状态……尽最大努力发挥想象力，让我们再一次来到你内心深处的秘密花园。这一次，我们要邀请你的内在小孩，就是那个穿着粉色布拉吉的三岁的小女孩。此时的她拥有了你送给她的五个宝藏——自信、勇敢、沉稳、放松、感恩，她变了很多，可以看着妈妈离开了，她的内在有力量可以应对一切。接下来，我们要让这个小女孩有更完美的蜕变，蜕变成你所期待的像徐惠一样勇敢的人——才华出众、能说会道、敢说敢言、有勇气做真实的自己。

尽最大努力发挥想象力,想象徐惠就站在你们的对面,穿着飘逸、华丽的裙衫,一副自信、勇敢的样子。过一会儿,那个穿着粉色布拉吉的内在小孩就要蜕变成徐惠的样子,具有徐惠内在拥有的一切特质——才华出众、能说会道、敢说敢言、有勇气做真实的自己。

接下来,请你问问你的内在小孩,她愿意变成这个样子吗?也请你告诉她,在她变成了这个样子后,你们会发生什么变化。如果你的内在小孩同意了,请你动动你任意一根手指……

大概一分钟后,玉凤动了动她的拇指。

接下来,请你专注地看着徐惠,她就站在你的面前,穿着飘逸、华丽的裙衫,精致大方,自信、勇敢,这是你欣赏的勇敢的徐惠。你想把你内心的穿着粉色布拉吉的三岁小女孩变成她那样——勇敢地说自己想说的话、勇敢地做真实的自己。这个小女孩曾经被定义为被抛弃的内在小孩,现在你想让这个小孩蜕变成拥有你期待的品质,即徐惠这样品质的人,请你问问徐惠,她愿意帮助你们吗?如果徐惠愿意帮助你们,请你再动动你任意一根手指。

很快,玉凤又动了动她的拇指。

接下来,你将看见你的内在小孩的蜕变,蜕变成像徐惠那样敢于表达自己想法的人。请你邀请她们俩和你一起,慢慢调整到一个伸手就可以触碰到彼此的距离。请你邀请徐惠带着满满的敢于表达自己想法的状态,轻轻地触碰你的内在小孩。当她触碰的时候,你会发现,这个穿着粉色布拉吉的小女孩浑身上下散发着金色的魔力,她的身上仿佛长出了敢于表达的翅膀。接下来,你会发现,在触碰到之后,她们俩就像互相吸引的磁铁一样,慢慢地向对方靠近,越靠越近。你会发现穿着粉色布拉吉的小女孩身上的金色魔力越来越强烈，敢于表达自己想法的勇气也越来越强烈。她们脸对着脸，直至完全融合——徐惠身上勇敢、敢于说出自己的想法、敢于做真实的自己这些特质完全融入这个三岁的小女孩的体内。接下来，请专注地看着她们，当她们完全融合的时候，小女孩身上散发的勇敢的魔力完全呈现出来，就如同徐惠一样。

此刻，徐惠的勇敢已融入穿着粉色布拉吉的内在小孩的身体内。请你问徐惠，三岁的内在小孩需要多久才可以完全变得才华出众、能说会道、敢说敢言、有勇气做真实的自己？请你问徐惠……徐惠是怎么回答的？你可以告诉我。

凤：三个月。

咨：很好，你觉得三个月可以吗？是否觉得时间太长或是不够？

凤：可以。

咨：接下来，请你继续问徐惠，在未来的三个月，你需要做什么来让你的内在小孩完全蜕变成你期待的样子，即徐惠敢于说出自己真实想法的那个部分？

凤：她说让我开始慢慢地试着把想说的话说出来。

咨：还有什么可以做的？

凤：真诚，她说我不是坏人，真诚地说出来，不去伤害别人。

咨：还有吗？如果没有了，那么请你记住徐惠告诉你的话，在未来三个月，试着把自己想说的话说出来，真诚地说出来，不去伤害别人。三个月后，你的那个三岁的内在小孩将会与徐惠内在勇敢地说、勇敢地做自己的那部分完全融合在一起，从而完全蜕变成能勇敢地说出自己想说的话、勇敢地做自己的人，成为一个蜕变之后的新的内在小孩。

重建受创伤的内在小孩是一项在潜意识层面的非常辛苦的工作。有的人在发现自己曾经的创伤或是知道自己的问题后，不愿意尝试改变原来的模式并重建，因为这将触及很多其他的"利益"部分。

"利益"这个词听起来非常世故，但是人的内在本身就是这样的一个世故的思考者。我们会用各种症状来获得内心想要的好处。这样的思维方式对我们既有好处，也有坏处。好处是我们可以获得心灵上最大化的愉悦感。坏处是症状本身就是一种攻击、一种伤害。因此，我们往往会权衡利弊——症状带给自己的利益是什么，伤害是什么，如果两者博弈的结果是利益更多，那么我们通常都会选择让症状继续存在。

之所以说重建内在小孩是一项非常辛苦的工作，是因为我们有时并不清楚利益和弊端，我们需要花费漫长的时间让自己试着相信，做出一点改变就可以获得更大的利益，让自己尝到一点甜头。一旦潜意识发现了这一点，它就会奋不顾身地投入重建。

玉凤之所以能如此轻松地重建，是因为之前的功课让她可以完全放开自己——在不断的信任与释放中，她已经尝到了甜头。她开始认定这样能让心灵层面的利益最大化，从而让自己彻底改变。

不过，并不是所有人都可以走到这一步。虽然我们清楚地知道重建对我们有好处，但是我们的内在小孩或许并不这么认为，因为即使原来的模式不好，在自己的认知范围内也是安全的。换句话说，在意识层面，我们认可了重建将会带来无限利益；在潜意识层面，我们守护眼前固有的利益，因此我们需要与内在小孩讲和，以化解意识和潜意识的矛盾，舍弃眼前的一亩三分地，投向远方的大江大河。在此，我们需要辩证地看待重建内在小孩。可能有人会认为，既然重建内在小孩这么好，那么就略过前面的篇章,直接重建好了。然而,如果没有前面的铺陈,就只能是在形式上完成了重建,那个内在小孩并没有真的得以重建。当然,的确存在这样的一种情况:有的人不需要经过烦琐的过程就可以直接重建内在小孩,即自己建立一个新的子人格,一个积极的、正能量的内在小孩。然而,大部分人可能是需要烦琐的穿越防御的过程的。

重建内在小孩的关键点

在重建受创伤的内在小孩的过程中,我们需要强调三个非常重要的关键点,缺一不可。

可行的期待

在重建内在小孩之前,要跟来访者讨论他的期待,并和他一起评估这个期待。这部分的工作要建立在有一定信任的基础上,并在潜意识层面去完成。在意识层面,关于希望自己怎样,我们都有宏伟的想法。有些来访者来访的目的就是想要改变自己的性格,比如,认为自己比较内向,想要变得开朗一些。然而,他想要的其实并不是性格的改变,而是所谓的认可或良好的人际关系,并将这些得不到的东西归咎于性格内向。据统计,在全球成功者中,有70%是内向的人。可见,内向绝对不是这些人的问题,可能他们的性格本身也不是内向。因此,在这种状态下,按照来访者的需求来重建是没有意义的。我们要先找到来访者问题的根源,即受创伤的内在小孩,然后疗愈受创伤的内在小孩,在这些都已经完成的情况下再来谈他的期待,这样才有现实意义。

期待的部分就是重建内在人格的部分,只有对来访者来说是务实的期待，重建才能真正成为来访者的一部分，塑造其一个新的、积极的子人格。

实现的时间

给自己一个实现的时间，即确定重建一个子人格或重建内在小孩所需要的时间。这个时间是你与内在小孩商讨出来，并通过评估自己的现状而得出的一个合理的完成时间。如果这个时间是潜意识认定完成的时限，潜意识就会开启自动督促模式，促使你在这个时间点前完成。如果没有时间的概念，潜意识就会认为这是一项无限期的任务，它也会偷懒，最终导致期待落空。

有效的行为

我们一直在强调潜意识沟通。但是没有行为层面的潜意识沟通，就是一种投机行为，或者最多算是自我安慰。如果我们想要的结果跟行为是背道而驰、矛盾的，那么这两者中，一定有一个是意识层面的需求，一个是潜意识层面的需求。比如，希望自己越来越健康是意识层面的需求；不良的生活习惯是潜意识层面的需求，那里隐藏着一个没被满足的内在小孩。这两个层面的矛盾，会导致两者的愿望都无法实现。人们在生活中常有类似的情况：明明想要努力工作，让自己更有成就，却总被游戏、电视剧、短视频所吸引。

因此，行为的改变是至关重要的，这也代表了我们要与潜意识中的那个内在小孩讲和。意识和潜意识讲和后，再把行为层面的内容放到意识里，重建内在小孩的工作就已经完成了大半部分。

到这里，你一定也意识到了，前面的铺垫——意识和潜意识的讲和，或者说疗愈受创伤的内在小孩以及与内在小孩讲和，是行为层面改变的一个前提条件。不过，如果前提条件满足了，却没有行为层面的动作，最后也可能会功亏一篑。因此，重建一个新的子人格并不是心理咨询师唠叨两句后来访者就可以实现的，而是需要来访者在自身能力范围内用自己的行动来完成。

举一个非常简单的例子，如果一个人每天躺在床上暗示自己"我是有钱人，我是有钱人"，那么他会成为有钱人吗？从概率学上讲，无论他每天暗示自己多少遍，成为有钱人的概率几乎等于零。然而，如果这个人在暗示自己是有钱人的同时，每天都在这样的暗示下去付出一定的行动，如在生活中摸索可以做什么、参考成功人士的成功经验、制订循序渐进的理财计划等，那么他可能真的会成为有钱人。

简单易行的重建内在小孩的方法

接下来，我将介绍一个简单易行、适合很多人重建内在小孩的方法。正如前文提到的，大多数人的童年都或多或少会有创伤，这些创伤成就了我们的今天——既有成功、幸福、喜悦，又有悲伤、痛苦。伴随着成长，大部分人的创伤都能自愈，或是没有对其日后的生活产生负面影响，但仍有少部分人备受创伤的折磨。比如，吴峰童年的经历就对其当下的生活产生了严重的影响。

因此，大部分人在觉察到自己的内在小孩后，可以自己完成内在小孩的重建（具体可参考练习11）。注意，要想完成这个练习，首先要完成前面几章的练习。

练习 11 重建内在小孩

借助表 8-1,重建内在小孩。

表 8-1　　　　　　　　　重建内在小孩

序号	步骤	描述	定义
1	日期		——
2	困扰的状况		——
3	内在小孩		
4	对话之后		
5	赋予宝藏		
6	期待		
7	时间		——
8	行为		——

第一步,填上做练习 4 的日期,具体可参考练习 4。

第二步,描述"困扰的状况"。认真回想一下,在觉察内在小孩前当下比较困扰你的事情、困扰你的状况,或是你想要调整的地方、想要实现的目标等,填在相应的"描述"栏中。具体可参考练习 4。

第三步,描述内在小孩,你可以在觉察之后给这个内在小孩下一个定义,填在相应的"描述"和"定义"栏。具体可参考练习 4。

第四步,在你与内在小孩对话后,你的内在小孩发生了什么变化?你也可以重新给对话之后的内在小孩下一个新的定义。具体可参考练习 5、练习 6。

第五步,"赋予宝藏"是你觉得自己的哪些内在宝藏可以赋予这个内在小孩。具体可参考练习 8。如果赋予内在小孩秘密宝藏后他发生了新的变化,那么此刻你会给他下一个什么样的定义?

第一步至第五步的内容,可以边做练习边记录下来。第六步至第八步需要找一个不被打扰的时间和空间来安静、独立地完成。建议在开始之前,先让自己进入秘密花园,这样做的目的是让自己安静地放松下来,以更好地联结自己的潜意识,顺利完成重建工作。若此过程受到外界干扰,那么这样的重建恐怕是自己意识形态下的"妄想"。

第六步,"期待"就是本章所强调的期待。针对自己困扰的状态,思考一下:如果当下的困扰完全消失,你的内在小孩会变成什么样子?或思考一下:你的内在小孩需要变成什么样子,当下的困扰才会消失?也可以进行这样的自我对话:此刻,你期待自己成为什么样的自己?

第七步,"时间"即确认完成这个期待或完成重建的时间。时间长短不限,可以以年为单位,也可以以月、日、周、小时等为单位,但要切合实际。如果不确定时间,就会像前文提到的,潜意识也会偷懒。

第八步,"行为"是完成这个期待需要做出的行为,即你需要做什么才能实现这个目标。至少列出2~3种行为。

这是一个重建内在小孩的简单易行的好方法。我建议,当你觉察到一个消极的内在小孩时就可以借助这个表格来重建。有时,在进行到第四步(即与内在小孩对话)之后,内在小孩就已经发生了改变,甚至自动完成了重建;有时,需要进行到第五步(即赋予宝藏),内在小孩才能完成重建;有时,需要进行到本章提到的重建这一步。

再次提醒,在进行到最后三步时,至少要先给自己15分钟的时间进入秘密花园,然后寻找可行的期待,找到后就填写在表格中;再闭上眼睛,依次寻找时间和方法,找到了就依次写下来。整个过程只需要轻轻地问你的潜意识,跟随你感受到的、听到或看到的,它一定会给你一个答案,不要执着,不要拒绝,试着跟你的潜意识协商一个你们都满意的结果。

表格完成后,请把它放在一个你每天都可以看到的地方(如办公桌上、梳妆台上等)。你会发现,奇迹真的会发生。

新的内在小孩——人格系统趋于丰盛

在我们的内在系统中新建立的内在小孩（即新的子人格），一定是积极、正向的。当然，在我们的内在系统中还会存在着许多其他积极、正向的内在小孩。新建立的内在小孩不同于前面几章介绍的内在小孩。前面阐述的是创伤记忆留下的内在小孩，通常是负面的，需要我们让内在堵塞的能量趋于完成，最终与内在小孩讲和。

建立一个新的内在小孩的作用

建立新的内在小孩，并非出于贪婪，而是为了让自己的内在归于平衡。因贪婪而建立积极、正向的内在小孩，对我们并不是一件好事，因为贪婪的背后就有一个未被满足的内在小孩，我们需要疗愈他，而不是无度地满足他。

建立一个新的内在小孩有什么作用？第一，建立一个新的积极、正向的内在小孩，可以帮助我们疗愈那个受创伤的内在小孩。正如我们在秘密花园中寻找的宝藏一样，简单地说，宝藏就是我们内在代表着积极、正向的一部分，是我们的内在已然存在的疗愈的积极因子，也是我们的资源。在疗愈受创伤的内在小孩时，这些宝藏起到了非常大的积极作用。归根结底，是我们调用自身的资源来疗愈我们的心灵。新的内在小孩与秘密花园里的宝藏有异曲同工的作用，只不过新的内在小孩是我们借用外部资源，在我们的内部培育一颗种子，让其成为我们的内在资源，以疗愈受创伤的内在小孩。

虽然我们的内在资源充足，但是当我们被创伤困扰的时候，可能会完全沉浸在悲观、消极的情绪中，而完全忽视了自己的内在资源，不愿意去思考积极的方面。此时，如果有一股外在的力量可以激活我们，那么对于我们走出创伤或疗愈内在小孩就是非常有意义的。最常见的外在力量是一个人的信仰。很多宗教是不允许信徒自杀的，不管信徒有多么绝望，他都不会背叛信仰而自杀。我没有任何的宗教信仰，但就这一点，作为心理咨询师，我很愿意听见我的来访者说他有信仰。虽然目前无法科学地验证神是否存在，但是从心理学的角度来说，我们信奉的神其实就是自己的子人格的投射，即神就是自己的高我。外化到物质世界自己所信仰的神，也就成了这个人强大的外在力量。

赋予一个人外部力量，即帮他重建一个积极的内在小孩，可以让沉入谷底的他感觉到仍有能帮助自己站起来的力量，可以让他心中的火苗永远不会熄灭。

以上，就是建立一个新的内在小孩的第一个作用，即构建一个外部资源进入来访者的内在，帮助他度过艰难的时光。

建立一个新的内在小孩的第二个作用是，循序渐进、不断扩充内在人格系统，让我们成为一个内心更强大的人，可以不因外界的变化而受到伤害。对于绝大部分人来说，我认为这个作用更有价值。虽然我们可以应付当下自己所面临的一切，但是当我们不断整合并扩充积极的、有力量的子人格时，我们会以更加积极的心态应对周遭的一切。

当然，我并不建议你将你认为的所有积极的特质都用来构建你自己。在你的内在系统中，有些特质是已经存在的，你需要找到它们；有些特质则是以负面形态存在的，你需要将其转化为积极的力量，即前文提到的重建内在小孩；有些特质虽然好，但是对你没有任何意义，甚至可能会出现反作用；有的特质则需要你在适当的时候去扩充。

那么，你在什么时候可以为自己建立一个新的内在小孩呢？除了需要疗愈你的受创伤的内在小孩的时候，在定期整理内在系统时，你会发现你的内在人格系统的需求便是建立一个新的内在小孩。

人们当下的生活几乎都是在不断向外奔波的，因此很多人在穿梭于外在世界时都会激活焦虑、抑郁的内在小孩。人们尝试各种方式来缓解自己心灵的困境，希望自己的心灵可以获得救赎。然而，这些方式通常是向外在世界获取信息，没有真正回到自己的内在世界。即便是那些会选择向心理咨询师寻求帮助的人，最初也只是希望从心理咨询师那里获得方法而已。我从开始写本书时，就希望可以为读者提供一种循序渐进的方式帮其慢慢回到内在世界，看到自己内在的工作。虽然书中的练习、案例对于读者来说仍然是外界信息，但能让读者回归内在，透过外界的干扰感受自己的内在世界。在每个人的内在世界都有一套独特的工作模式，书中提供的一些方法可以让读者看到内在并激活内在。此刻，我更希望读者可以完全关注自己的内在世界。

整理内在世界就像搭建一个阶梯，可以让我们通向类似禅静的心灵状态，不被外界纷争扰动，但看到别人的喜悦时，会增加自己喜悦的存量。

整理内在世界，是我们停止向外界获取信息、资源，是全然回归到自己的内在世界。我们需要认真观察自己的内在世界中有什么——哪些是我们需要扔掉的，哪些是我们需要探索的，哪些是我们需要转化的，哪些是我们需要重新点亮的，哪些是我们需要获得进一步的清晰的认识的，哪些是我们需要进一步突出的。这与我们需要定期打扫房间颇为相似：灰尘、垃圾是要被清扫、扔掉的；不用的物品也是要被扔掉的；脏衣服是要被分类清洗的；摆放杂乱的物品也是要按照自己的习惯摆放的；在清理房间的时候，我们还会发现需要补给什么。因此，整理内在世界是定期将自己从外界获取的信息、资源进行整理和取舍。

其实，一种有效的整理内在世界的方式就是清理你的房间：打扫房间、扔掉不穿的衣服，让你的居住环境干净整洁，那些闲置却弃之可惜的物品多半是没有用的。通过这种方式，你可以根据自己的状态，慢慢地整理内在世界。虽然这种方式不是本书的重点，但也是整理内在世界必须要做的事情。

当我们开始觉察自己的内在小孩时，就已经开始整理内在世界的工作了。梦也是我们的内在世界自动进行清理的方式。前面谈到的与内在小孩对话、人格重建，都是整理内在世界的步骤。因此，我们在进入心灵疗愈的同时，通常也在整理内在世界。我们仍然需要一个仪式来告诉自己的内在，我们准备正式整理我们的内在世界，即有意识地按下整理的开关。这代表我们将要开始完全进入我们的内在世界，我们要完全成为自己的主人。

接下来，我们仍然运用冥想的方式整理内在世界，而且最好定期进行。当你还不熟悉流程时，可以通过录音来引导自己完成；当你轻车熟路时，就可以在内心默默引导自己了。以下是整理内在世界的冥想文，你需要根据自己的情况适当补充和删减。

练习 12　冥想文：庄园

在练习之前，请你找到一个相对独立的时间和空间，以确保没有人会打扰到你。安静地躺下或坐在舒服的沙发上。

在你调整好自己的状态后，可以先来到你的秘密花园，让自己完全安静下来。

接下来，就可以开始冥想了。

我将要穿过我的秘密花园，在花园的深处是我的庄园，庄园里储存着我与生俱来的一切和这几十年来我不断填充进来的一切。今天，我要来到我的庄园，对其进行一番打理。等一下，我会往前走 10 步，当我走到第 10 步的时候，我就来到了庄园的大门口。我开始一步一步地往前走，穿过我的秘密花园。我可以看到每一步风景的变化，也可以感受到每一步的不同。渐渐地，前面开始出现一个庄园，这个庄园在我的面前越来越清晰，有建筑物、围墙、大门，以及庄园内部的布景、摆设，或许还有些人和动物、植物。当我走完第 10 步时，这个庄园就完全呈现在我的面前了。

我将尽最大努力发挥感知力，感知这里所有的一切。我伸出手，轻轻地触摸我的庄园的大门。它是什么材质、什么颜色、什么造型，手触摸它后产生了什么感觉，它两侧的围墙又是什么样子，我都可以完全看到或感觉到，它们就在我的面前。

我要继续发挥我的感知力。推开大门，我将走进我的庄园，仔仔细细地感知我面前所有的一切。我可以发挥我无尽的感知力去感知所有的一切——庄园有多大，庄园里面是什么场景，是荒芜的还是繁盛的，是人造景观还是自然景观，有什么样的建筑物等。

我要开始观察这里的每一个点、每一个角落，它们都是我的部分，此刻我需要好好了解这里有什么，以及哪些是我比较欣赏的，哪些是我曾经忽视的，哪些是我不喜欢的。我慢慢地在庄园里走，感受庄园里我曾经累积的点点滴滴。

在我感知到院子里的一切之后，我将要进入庄园里我居住的房子。现在，我来到这幢房子的门前，感受这幢建筑物——它的形状、大小、建筑风格、有几层等。现在，我要绕着这幢建筑物走一圈，看看它的周围是什么样子的，从不同的角度去感受它。任何新鲜的、让我为之一惊的感觉，我都要牢牢记下来。

接下来，我要进入我居住的建筑物里。从门口走进去，我要仔细观察路过时看见了什么，推开门映入我眼帘的是什么。同样，我也要仔仔细细地观察建筑物里的一切摆设、布置，或许这里还会有其他人一同居住，这些人是谁。我仔细观察每一个房间。即便这里只有一个房间也没有关系，我只要仔细感受就好。

接下来，我要进入我的卧室，看看会有什么新的发现，能看到什么，感受到什么。总之，我走遍了所有的房间、所有的角落。在我对这幢建筑物里的一切都了解之后，我就可以走出来了。如果还有其他的建筑物，那么接下来我要进入其他的建筑物里，去感受那里的一切。

在看完庄园的所有角落之后，我来到庄园的中心，我一会儿要开始进行一番整理、打扫。曾经我只是将已经获得的一切放到这里，几乎无暇顾及它们，而就在刚才，我花费了心思去了解它们。此刻，我要好好地想想该如何整理庄园，从哪里开始，有哪些东西已经陈旧了，不符合庄园的风格，我可以扔掉它们；庄园里还有一些杂草，我要将它们全部拔掉、粉碎它们的根系，然后要么埋在土里做肥料，要么扔掉；或许还有枯萎的树和花，也需要扔掉；用坏了的物品，如果没有继续使用的价值、修理的可能性，也要扔掉。

想象我有超能力，我只需要通过意念就可以进行整理，比如想要扔掉什么，它就消失了。我还可以运用这个超能力移动物品，不管是房间里还是院子里的物品，都可以按照我喜欢的样子进行整理，哪怕是花草树木也可以。如果我在整理的过程中发现庄园缺少了什么，这个超能力就能帮助我让它们出现在我希望它们待的位置。

接下来，我要完全根据自己的想法整理这座庄园。我具有超能力，可以毫不费力地安置好一切。

……（此处根据自己的意象发挥）

此刻，庄园已经完全整理好了，这里是整个地球上最美的庄园，我欣赏着我的成果，感到非常欣慰。同时我总结如下。

第一，在这次的整理中，我扔掉了哪些物品？如果它们代表我要抛弃的特质，那么它们分别代表什么？我慢慢地感觉，渐渐发现很多陈旧的特质都可以在这一刻完全离开我，它们分别是……

第二，在这次的整理中，我移动了哪些物品？为什么要这样移动？它们又分别代表了我的哪些特质？这样的变动会让我发生怎样的改变？慢慢地感觉刚刚发生的一切，我的内在系统正在进行新的整合。

第三，在这次的整理中，我添置了哪些物品？它们又分别代表了哪些我希望拥有的东西？它们代表我想要拥有的什么特质？慢慢地感觉，我将在现实生活中为自己建立一个这样的特质。

在一切都清晰后，我就可以睁开眼睛，结束这次的庄园整理。

睁开眼睛后的第一件事就是把冥想的三条总结记录下来，然后尽可能地以此创作两幅画：一幅是一开始进入庄园的场景，包括里面的一切，可以依据你的能力将建筑物内部的布置也画出来（当然，你也可以再找一张纸来画其内部构造）；另一幅是你整理后的庄园。画好后，对比两幅画，你又有什么新的发现？

练习12可以帮助我们在整理内在人格系统时找到自己需要建立的部分。总结的前两条是内在清理和整理，第三条是建立一个新的内在小孩。

在冥想练习中，多数人是添置1~3个物品，这是因为其身心成长较好，但是有的人可能会出现以下两种状况。

第一，没有需要添置的物品。这时不需要紧张，可能有以下三个原因：（1）你在初期冥想练习时受到外界干扰，使你不能完全跟随书中冥想的节奏，没有专注在冥想中；（2）你此刻的内在是稳定的，并不需要一个新的物品来打破平衡，即便是一个正能量的、代表积极意义的物品；（3）你的潜意识没有改变的意愿，即便是丰盈自己的内在世界也不愿意，这与你外表呈现出的没有改变的意愿不一样，是心底的没有改变的意愿，这是一种很糟糕的状态，此时你需要向心理医生寻求帮助。

第二，添置了很多物品。这并不能完全说明你的潜意识需要建立很多积极特质。原因可能有两个。（1）在初期冥想练习时受意识的干扰，并没有完全进入冥想状态，很多物品是意识上的建构，当然也有潜意识建构的物品。这时，你可以把所有物品所代表的特质都整理出来，然后专注地看着这些物品以及它们所对应的特质，最多选择三个作为这次冥想需要建构的内在小孩。在进行选择时要回到庄园的环境，选择你认为最应该添置的三个物品。（2）呈现出了你潜意识中的贪婪。或许你曾在生活的细节中有过觉察，但因为它的存在并没有影响你的生活，有时甚至会让你生活得更好，因此你往往会忽视它。不过，说到"贪婪"，你的第一反应很可能是，这是个贬义词。贪婪真的不好吗？

请你从自己切身的生活出发来思考这个问题。如果你并没有因为自己的贪婪而做一些违法或损害他人利益的事情，就不需要理会这个现象。如果你因为自己的贪婪谈成了一个大单，自己也因此赚了很多钱，你就会因为自己的贪婪而非常积极、努力地工作，只为可以让自己及家人生活得更好；或是因为贪婪而不断拼搏，获得了一个又一个成就，并达到人生巅峰。如果是这样的情况，就可以说，适度地贪婪是非常有积极意义的。因此，你在练习12中需要先筛选出三件你最想在庄园中添置的物品。

如果贪婪是一个个无度的欲望，正在掏空你的身体，那么此时贪婪就是一个你需要处理掉的议题了。比如，你每天都生活在白日梦中，梦想自己拥有无穷的能力或物质却不愿意付出努力；又如，由于物质或精神上的匮乏，你不停地透支信用卡购物或不停地向周围的人索取关爱等。因此，你在冥想中添置丰富的物品后会异常兴奋，仿佛现实中不能得到满足的贪婪在冥想中都实现了，但你在冥想结束后会有一些失落，这是现实的贪婪并没有得到真正的满足使然。这时，你需要做的不是建立一个新的内在小孩，而是疗愈贪婪的内在小孩。此时，练习 12 中的冥想对你来说就显得非常有意义，因为它帮助你觉察到了一个被你的层层防御隔离的议题——贪婪。

接下来，请根据你觉察到的信息，运用表 8-2 来帮助自己建立一个新的内在小孩。填写方法与填写表 8-1 一样，只是表格上半部分内容有些差别。

表 8-2　　　　　　　　　　建立一个新的内在小孩

序号	步骤	描述	定义
1	日期		——
2	物品		——
3	对应特质		
4	新的内在小孩将带给你什么变化		
5	如果你有待疗愈的内在小孩，那么这个新的内在小孩会帮你做什么		
6	时间		
7	行为		——

第 9 章

与内在小孩讲和

被遗落的自己,是时候与其讲和了!

09

第 9 章　与内在小孩讲和

无论发生了什么，那个受创伤的内在小孩都是我们自己的一部分。承认他的存在，并接纳他，才能最终与自己讲和。

当我们可以疗愈那些过往的创伤，将堵塞我们趋于完成的能量释放或转化后，我们需要认真地思考一个问题——接纳，即接纳那个"坏"的自己。

是的，受创伤的内在小孩曾经为我们承受了很多，因此他将很多的坏脾气投射到我们的现实工作与生活中，突显了我们的痛苦、磨难，虽然我们可以同情他、疗愈他，但是我们有没有想过真正去接纳他，与他讲和呢？

这一刻，我们可能有几秒钟的思考，对人性的思考。在本质上，我们知道自己有"坏"的部分，但是我们希望别人看到的都是好的，不要看见那些"坏"的部分，因此，我们要么把它们藏起来，要么把它们丢弃在"屋外"。"坏"的部分就像身体里的肿瘤，我们会觉得把它割掉就万事大吉了。然而，即使切除了恶性肿瘤，癌细胞也有可能会扩散、侵蚀身体的其他器官组织。

不过，受创伤的内在小孩并非肿瘤，也并非"坏"的部分。正如前文的辩证解析，受创伤的内在小孩既有积极的因素，也有摧残我们的身体和精神的消极因素。然而，现实情况是，当受创伤的内在小孩以"情绪体"出现时，我们的第一反应还是"切除"了就万事大吉，甚至疗愈的初衷也是"切除"。因此，受创伤的内在小孩可能仍然在家门外徘徊。疗愈受创伤的内在小孩的根本在于是否接纳他，以及为什么不接纳他。当我们拥抱内在小孩的那一刻，就已经与他讲和了。这代表着我们开始真正接纳自己受创伤的那部分，对其进行疗愈和重建，最终让自己更完整。

当然，接纳受创伤的内在小孩没有那么容易，有时我们更需要一个仪式来接纳他。本章的主要内容是如何接纳受创伤的内在小孩，带他回家，最终与自己讲和。如果我们没有做好准备接纳这个受创伤的内在小孩，那么不妨试着接纳这个"坏"的自己。

被遗落的内在小孩

正如上文所说，我们可以将不接纳的部分称为"被遗落的内在小孩"，即既有因童年创伤而形成的"坏"的内在小孩，也有人格系统中与生俱来的、不符合我们认定的价值观的部分（其实，他们没有好坏之分，只是我们从社会文化、道德自律等多方面审视自己时觉得自己不应该有的部分）。

在每个人的生命历程中都会有被遗落的内在小孩。我们在内在整合的过程中会发现这样一种被遗落的内在小孩：他已经完成了自己的使命，需要离开了，于是他悄无声息地从我们的生命中完全消失。这其实是我们内在系统进行的整合，以让我们体验更精彩的生命，就像细胞的新陈代谢一样。

不过，更多的内在小孩之所以被遗落，是因为我们嫌弃他们。原因如下。

第一，在当今这个时代，浮躁与忙碌是人们生活的典型特点。因此，身处这样的时代，我们经常简单地区分好与坏，然后抛弃坏的部分、接纳好的部分，以便快速投入浮躁与忙碌的物质世界。其实，只要我们静下心来安静地跟自己待一会儿，就不难发现，我们抛弃的部分只是自己的不同侧面，并没有好坏之分。一旦抛弃，就会导致我们的系统因遗落而缺失、发生故障、失灵，甚至崩溃……当然，这并不是说我们非要追求完整，只是本该在其位的部分被遗落后，我们的整体系统会出现偏差，进而失衡，从而造成一些心理感受层面的不适，还可能会引发心理问题。那个被遗落的内在小孩在等待着回到我们的内在，我们的内在也在召唤他，想与他讲和。只有这样，我们内在的整体系统才会恢复平衡。

第二，社会对完美的过度追求。比如，社会从不同的视角极致地宣扬女性的美与身材、孩子不能输在起跑线上等。我们几乎从生下来就被动地接受完美的文化，我们只能不断地完美、不断地更好，但凡身上有任何不符合社会定义和自己认可的诠释的完美的部分，我们就要将它们抛弃。正如一个有创造力的孩子如果考试成绩不理想，就可能会被贴上"不求上进的坏孩子"的标签。那些被否定的部分可能的确不符合我们社会建构的完美的标准，但它们并不是真实的不完美，只是没有人读懂它们的光彩。就这样，我们错误地追求千篇一律的完美，真实被所谓的"完美"压抑。

这些被压抑的部分，即被我们抛弃的、"不完美"的内在小孩被关在了门外，结果导致我们的内在系统失衡。无论你是否接纳，这个内在小孩都是你的一部分。这部分在你的整体系统中具有积极的使命，只是你用社会建构的完美的眼光给它贴上了一个负面标签。

第三，整体系统失衡时，被遗落的内在小孩以心理症状的方式呈现在我们的现实生活中。当心理症状来临时，痛苦完全占据了我们的心灵。此时，我们或许已经无暇顾及其他任何事情，只想着快点平复这些苦难。

那些不被接纳的内在小孩一定有"坏"的表现，但是我们不能因此就忽视他们的"好"。从整体论的角度来说，被遗落的内在小孩自然而然地存在于我们的世界，是使我们不同于他人的存在。他是我们内在的一部分，是我们人格系统中的某个子人格。即便我们遗弃了他，他也归属于我们的整个系统。与其"切除"他，不如去了解他、欣赏他，并接纳他，享受他给我们带来的一切——当然，最重要的是如何放大好的方面，而不是沉浸在坏的方面，执着于"切除"他。

当下，我们需要让自己安静下来，觉察自己的内在，更重要的是看到自己的内在小孩。在觉察内在小孩的时候，通过不断观察他的状态，我们就能知道他是否被遗弃了。我们还需要觉察到他的"好"，并辩证地看待其"好"与"坏"的方面。

当我们存在被遗落的内在小孩时，就在某种程度上说明我们的内在系统需要更好的整合，因此在本章中，我们将讨论如何接纳"不完美"的内在小孩，以整合内在系统。一旦被遗落的内在小孩被接纳了，我们的内在系统就会恢复平衡，内在就能实现和谐，心理的纠结、矛盾和苦楚就可以被化解。

为什么疗愈了内在小孩，我还是不能接纳他

有的人可能会说自己百分之百地接纳了内在小孩；有的人可能会说即便内在小孩影响了其生活，自己也会接纳他。

他们说的都是真心话，因为我们在意识层面一直保持着一种接纳一切的态度。不过，这可能并不是我们内心的声音，即这可能并不是发自我们潜意识的声音。意识的声音外化，所有人都可以听到，但可能不是我们内心的声音。内心的声音可能会被意识外化的声音所替代，形成一个"统一"的声音。

如果内在小孩没有被真正接纳，或者没有回到我们的内在并最终实现人格整合，我们的外在就会呈现出一些扭曲或纠结的现象，主要表现为言语、情绪、行为上的不一致，尤其是在出现没有被接纳的那个部分的议题的时候。这也说明内在小孩其实并没有被疗愈，因为少了主体"我"接纳受创伤部分的"我"这一步骤。

案例

A女士经过一段时间的咨询，最终找到了她的没有被认可的内在小孩。在她完成了与内在小孩的对话之后，她如释重负，感觉整个人都轻松了，她发现自己在工作中不再以获得领导的认可为主，因此主动跟我说要终止咨询。不过，半年多以后，她又联系我，说最近发现一个现象，怀疑那个没有被认可的小孩又出现了。于是，我们又约见了一次。

A女士（以下简称"A"）：刚结束咨询的那段时间，我觉得自己特别轻松，因为我以自己为中心来工作，而不是像过去为了让领导表扬我、认可

我而工作。在我不需要认可之后，我的自尊提升了，可以从工作本身出发，我的工作开始小有成绩。领导发自内心地夸赞我的工作干得不错；同事们也觉得我的几项工作干得非常漂亮。总之，我在那段时间获得了更多的赞美，我也陶醉在赞美声中。不过，当领导和同事不再赞美我时，我开始有些失落。我试着告诉自己，没有被认可的内在小孩可能需要时间平静，毕竟一切才刚刚开始。又过了一段时间，我发现即便我的工作做得更好了，周围的人也不再像刚开始时那样赞美我了，我想他们可能是接受了优秀的我。于是我想，我应该做得更好，这样他们就能继续赞美我了。我开始非常严苛地要求自己，不断地让自己把工作做得更好，领导看到后也时时表露出欣赏我的工作。可是，这让我非常疲惫、非常累。老师，你说这是因为内在小孩吗？

心理咨询师（以下简称"咨"）：有这个可能。你这段时间好像一直在追求稳定的赞美，类似原来那样追求稳定的认可。只不过，过去只是单纯地追求认可，现在是希望在做好工作后获得赞美。

A：是的。我们已经疗愈了内在小孩，为什么会这样呢？

咨：是呀。我想了解的是，最近你感觉可能是内在小孩的问题，那你有没有找个时间跟她对话，或是回到你的秘密花园，看看她在做什么？

A：哦，忘记了。

咨：嗯，所以她可能出现了状况。那我们猜测一下，她可能遇到了什么麻烦？

A：有可能是我没有完全清楚她的某些目的吗？

咨：有可能。她本来就是你的一部分，她还有什么目的呢？

A：这会跟我不愿意面对童年的经历有关吗？

咨：听起来好像有关系，但是我也不能确定，你可以说说看。

A：如果不是我们要与内在小孩的对话，那么我想我是不可能跟任何人说我小时候的事的。在跟她对话之后，我舒服多了，好像说出来后就可以放下一些不能接受的东西了。

咨：放下之后，你还是不愿意面对那段经历吗？

A：我一直以为，我放下了就意味着她跟我没有关系了。

咨：我是不是可以理解为"放下"和"面对"是矛盾的？

A：差不多是这样的。

咨：当我们说到这里的时候，你有什么发现？

A：可能我不愿意面对那段经历，即便是放下，也只是暂时的。

咨：不管曾经经历了什么，一旦我们放下了，往往就可以面对了。我比较好奇的是，是什么原因让你即便放下了也无法面对那段经历？当然，你不愿意说出来的内容，可以不说。

A：是我在主观上从来都没有认可过我自己吗？

咨：如果真如你说的，你从来都没有认可过你自己，那么你放下的是什么？

A：我应该是放下那段经历了，但是我没有办法接纳经历了那段晦暗童年的我，所以我不认可我自己。我想要做得更好，我觉得只有自己越来越好，才不会有那个经历了那段晦暗童年的我。

咨：我是不是可以这样理解，在我们跟内在小孩对话之后，你明白了自己为什么痛苦，同时放下了你对过去经历的执念，但是对于作为"你"的一部分的不被认可的内在小孩，你始终没有接纳她。

A：应该是这样的。

咨：此刻，你愿意接纳她，或者至少可以试着接纳她吗？

A：我觉得我可以试着接纳她，或者我应该去接纳她。

咨：我们并不需要急着选择马上接纳她，你可以在准备好接纳她的时候接纳她。此刻，你可以问问自己，是否真的愿意接纳她？

Ａ：说实话，我还是有点不愿意。

咨：是什么原因让你不愿意呢？

Ａ：不知道。我总觉得自己不好，不值得被认可。

咨：那我们就带着这些疑问，再去跟内在小孩做一个联结，看看有没有新的发现。

Ａ：好。

接下来，我引导 A 女士再一次探索内在小孩。这一次找到内在小孩比较容易。与之前不同的是，我们要探索内在小孩目前在哪里，以及经过疗愈之后她还没有完结什么。这其实就是探索 A 女士是否真的接纳了这个内在小孩。如果已经接纳了，就只是缺少一个完成接纳的仪式，因此我们将使用带内在小孩回家的练习（练习 13）来完成这个仪式；如果没有接纳，我们就要开启内在小孩与主人格的对话，即内在小孩询问主人格是否愿意接纳自己？如果不愿意，那他可以做什么让主人格接纳自己？什么时候可以接纳自己？一般情况下，在这次对话之后，就可以进行带内在小孩回家的练习了。这时，主人格通常都能接纳内在小孩。

带内在小孩回家，接纳不完美的自己

许多心理疗愈的理论与应用都提到了接纳自己、接纳不完美，但是人们单纯地从认知上顿悟——接纳不完美的自己，实际上并没有那么容易，最核心的困难就是阻抗。我们期待可以绕过阻抗，前提就是与内在小孩真诚地接触。前文介绍的与内在小孩对话、修复创伤、重建内在小孩，都是在与内在小孩真诚地接触，都是在逐渐接纳自己受创伤的内在小孩。只是有时，在某个环节，你的内在已经可以自动带他回家；有时则不能。

因此，在觉察内在小孩之后，我们需要带他回家，让我们的系统回归稳定状态。

练习13　带内在小孩回家

这个练习同样需要你找一个安静、安全的环境，确保没有人会打扰你。

首先，拿出练习4中的内在小孩肖像，放在你的面前。

然后，试着采取内在对话的方式跟他对话。这次可以有针对性地跟他进行以下对话：

> 对不起，虽然我们已经聊过好几次了，但是我现在还没有接纳你。
>
> 关于我们之间发生了什么，我并不是很清楚，但是我想试着带你回家。
>
> 也许是过于执拗，也许是你没有完全告诉我你的困境，这一次我们试着再打开自己多一些，让我们彼此更亲近地认识对方。
>
> 也许是我没有办法接受一个曾经有"污点"的自己，我曾经认为你就代表了那个污点。不过，我知道那不是你的错。我没有接纳你，而且伤害了你。现在我们可以一起来想办法，试着原谅那个"污点"，让你回家，回到我们的内在系统中。

你也可以根据自己的情况，有针对性地跟他对话，并等待、感受他的回应。

接下来，专注地看着这个内在小孩，感受你们之间的距离，甚至可以想象他此刻是什么姿态。感受此刻你在什么位置，他在什么位置。将他的肖像放在你认为他应该在的位置，然后来到你应该在的位置，确保你可以看见肖像。

用内在的声音邀请他回来。此刻，请你完全遵从自己的感觉，只需要发出邀请，然后让你的身体跟随当下感觉发生变化。你也可以温柔地告诉他，你现在有能力面对过去，你想要带他回家。你还可以告诉他，你会好好照顾他。

在你准备好可以带他回家时，请根据你的感觉，走向你的内在小孩。在这个过程中，遵从你的感觉——可以快，也可以慢，还可以停下来等一会儿。用平和、安全的方式让你们彼此靠近，同时你需要发出邀请的信号。

当你们慢慢贴近，几乎要挨着的时候，请拿起这幅肖像画，轻轻拥入怀抱。在你拥抱他的那一刻，告诉他："回家吧，你是我不可或缺的部分，不管你曾经让我看到了什么，我都知道你有更好的一面等待我去发现。回家吧，我们永远在一起。"

当内在有一个声音告诉你"我已经回家了"时，你就可以放下内在小孩的肖像画，继续将其收好。

带内在小孩回家的练习有以下四个核心内容。

- 你要在内在想象出你和内在小孩之间的距离，并将想象的距离投射到现实环境中。这个心理层面的距离对你来说是非常有意义的，因为它可能就是你们博弈的距离。
- 你向他移动是你从行为层面接纳内在小孩的开始。如果你内在的声音指引你向内在小孩移动，并且你付诸行动，那么在这个过程结束时就代表你真正接纳你的内在小孩了。
- 带内在小孩回家。完成拥抱的动作，意味着你已经完全接纳了他，接下来你的内在会慢慢消化、整理。
- 不要急着完成这一过程，真诚地遵从自己的内心，带他回家。虽然这段心路历程在现实中可能只有两三米，一般不会超过 10 米，但是你在心理体验上可能经历了万千变化。只有切身去感受其中的变化，才能真正完成这段旅程，带内在小孩回家。其中最核心的是用心走过这段心路历程，否则带内在小孩回家没有任何意义，只会浪费你的时间。

在不断觉察内在小孩或内在小孩的变化之后，你可以进入带内在小孩回家这个练习。这个练习有助于你觉察自己是否接纳了受创伤的内在小孩。如果你发现自己没有接纳他，即你的内在并不想带他回家，你就可以按照我们前面的练习循序进行。不建议略过前面的练习直接进行这个练习，因为如果没有疏通能量阻塞，那么即便你带内在小孩回家了，他也会干扰你的一切。在完成前面的大部分练习后，我们的内在就已经自动地带他回家了。你可以将练习13视为一个仪式，而完成这个仪式的意义就是确认内在小孩回家了。

带内在小孩回家，是让自己遗落的部分回归自己的系统中。只有当内在小孩的创伤被修复、能量阻塞被疏通时带内在小孩回家，才会让你的系统不断整合并趋于完形。

内在整合

整合能力是我们与生俱来的。本书所倡导的疗愈的本质目的，就是激活我们部分与生俱来的能力。我们每个人一生下来就具有了一个人该具有的能力，不同的环境让我们显现出了某些能力，而有些能力若隐若现，更多的能力则处于隐形中。正如心理学所说的，我们每个人的潜意识只被开发了少部分，更多的潜意识没有被开发。这个时候，我们需要知道自己需要什么，然后跟随自己的心，探索内在能力，创造属于自己的精彩人生。

内在的整合有助于我们稳定地面对生活中所有的遇见。

整合我们的内在小孩的过程就像是拼图块。当拼图趋于完成时，我们的内心就会变得欣喜，没有焦躁、烦恼、抑郁和困惑。如果有的拼图块破损了，或者有的丢失、找不到了，我们就需要修复它们、找到它们，最终让这个拼图完整地呈现在我们的面前。每次修复创伤并找到被遗落的内在小孩，都会让我们的内在完成一次整合，让我们的内在人格系统趋于完整、稳定。

因此，修复创伤并找到被遗落的内在小孩之后，我们需要给自己一些时间去完成内在的整合。有的人整合得比较快，有的人整合得比较慢，无论如何，我们都需要保持平和，耐心地让内在系统完成整合。

有时，我们也可以借助外力来帮助内在系统整合。就像有的伤口，即使我们不处理，它也会愈合，但是如果我们对它进行清洗、消毒、消炎，它就会愈合得更快，而且不容易反复。心理学的所有疗法对于一个人的内心来说都是外力，只能为其自愈保驾护航，关键还要看当事人本身。其中，冥想就是一种方便有效的心理疗法。

练习14　内在整合的冥想

你可以事先录制下面这段冥想词，也可以反复、慢慢地阅读，或轻声朗读，用你觉得舒服的方式就可以。你还可以配上令人轻松的流水的声音、雨滴的声音、花开的声音、鸟叫的声音等来自大自然的低频音律，这会让你更容易达到新的觉知。

此外，找一个舒适、放松、不被打扰的环境，躺下来或以舒服的姿势坐在椅子上。

如果你在冥想的过程中睡着了，就遵从你的感觉，不必执着于冥想词是否读完。因为在冥想练习之前，你已经看过这篇冥想词，剩下的冥想词会出现在你的潜意识中，你只是没有觉知而已。而且在这个时刻，冥想词带给你的疗愈力往往会比你清醒的时候更有用。

以下为内在整合冥想文：

  慢慢调整呼吸，在一呼一吸之间感受呼吸，感受吸气时气流触碰鼻腔和气管的感觉，甚至可能会感觉它触碰肺部，并随着血液进入全身；感受吐气时气流摩擦的声音。让自己跟随呼吸的韵律放松下来。身体变得很柔软，并全然放松下来。自然地呼吸，缓慢而有节律，感觉更放松。

  允许自己的思绪在头脑中掠过，或许很多，或许很少，让它们自然地掠过。感受它们掠过头脑时触及的脑细胞所发生的微妙的变化，这些思绪开始有了自己的纹理，然后在头脑中完全掠过。它们的掠过慢慢地让我的想象力变得越来越强烈。

  尽最大的努力去想象，想象自己的不同层面出现在自己的面前——有骄傲的部分，有内疚的部分，有高兴的部分，有伤心的部分，有幸福的部分，有失落的部分，有成功的部分，有龌龊的部分……很多很多，它们都分别以自己的形态出现，或许是一只小狗，或许是哆啦A梦，或许是奥特曼，又或许是一株向日葵，也有可能是不同年龄的我，不同性别的我，不同表情的我。它们站在我面前，一眼望去，就像无数形形色色的拼图块一样。

  看着这些形形色色的拼图块，我有点兴奋和期待。它们是什么？会拼出什么画面？是立体的还是平面的？我很想快点拼完，但又担心自己拼不好。

  不过，当我开始拼时，才发现自己的担心是多余的。在拼图的过程中，除了观察它们的拼接，我也可以动用自己的内在力量，移动想要拼的部分。也许我会发现哪个拼图块有瑕疵，可以挑出来，将它们仔细修复，然后放到我想放的位置。当发现少了哪个拼图块时，我可以在内在寻找，并且一定可以找到，因为它们一直都在。

这是一个非常奇妙的过程，我可以感受色调的旋转和在旋转之间呈现出的完美风景。

拼图也可以不断地扩张。当想要扩张拼图的时候，拼图块会增加内容，新的风景、新的角色、新的色块。当趋于完成的时候，我发现，它竟然是一个立体的拼图，可以从不同的角度看到不同的画面，而透过某个地方看过去，它竟然是一个连在一起的立体场景。好奇妙的感觉呀！我用手轻轻触碰，它不仅可以旋转，还可以变换。

当趋于完成的时候，我感觉内心仿佛被整理过，很轻松、很平静、很舒服，既有完成的喜悦，又有内在整合的稳定。

我也试着去看这个立体拼图的整合之作，将曾经疗愈的内在小孩和曾经被遗落的内在小孩一并贴到这幅作品上。我会发现，在我这样做之后，这幅作品变得更加生动、完美。

我将这幅拼图作品完全融入我的内在，让它嵌入我的细胞、我的血液、我的每一次心跳中。它是我的不同部分的完美融合，我启动了内在的整合之力，将它们整合成这样生动的作品，流淌在我的生命中，照亮我生命中的幸福、喜悦与平静。

它们是整合之后的我的不同的内在小孩，它们在这幅作品中和谐共处、其乐融融，与我一起迎接未来所有的遇见。我可以因遇见的不同，回到内在，整合它们进入新的景象、新的觉知中。总之，我启动了我的整合之力，并且随时都可以启动内在整合之力，让我内在的不同部分构成新的作品，一次比一次更稳定。任何时候，遇见我的任何一个内在小孩，我都可以启动我的整合之力，让这个内在小孩成为新的整合之作中的点睛之笔。

这一次，我又完成了一次新的蜕变。我将带着蜕变之后有了新的觉知的自己，慢慢地回到我的生活中。我的生活也会因整合而发生蜕变，变得更加丰盈。我可以清醒过来了。如果我想继续休息一下，那么我也可以继续休息。当我想醒来的时候，就可以回来了。

与自己讲和

与自己讲和，可能是人类最难做到的。然而，看到这里，你应该是已经做到了。

在经历了所有的过程之后，结果只是一种必然，与自己讲和也是如此。

在无声无息中，你已经与自己讲和，并成为独一无二的自己了。

第10章

身体里蕴藏着的能量保护圈

再也没有什么外界的干扰可以扰乱你的内在世界了。

10

遵循前文的每一次练习，我们的身体已经自动启动或修复了蕴藏在身体里的能量保护圈。这是自然而然发生的事情。当我们遇见内在小孩，疗愈受创伤的内在小孩，重建积极资源并带他回家，最后实现与自己的不同部分讲和后，那还有什么可以伤害到我们呢？

能量保护圈

我们可以用心灵免疫层或心理免疫力作为隐喻来说明什么是能量保护圈，它能让我们抵御外界对内在的心理伤害，或是避免受到外界的伤害。

事实上，这个免疫层一直都跟随着我们的身体、意识和心理。可是，为什么我们会受到伤害呢？原因还是在于内在小孩。

从能量保护圈的角度来说，内在小孩的形成，要么是因为重大的创伤直接击破免疫层的某个点，要么是因为持续的创伤不断攻击免疫层的某个点。也就是说，与这个点所保护的内在世界相关的外界扰动都会使内在情绪发生波动、震荡；在内有扰动、外有攻击的情况下，防御能力就会丧失，形成受创伤的内在小孩。一旦外界出现与此相关的风吹草动，就会以"情绪体"的形式投射出来。

能量保护圈与内在小孩息息相关,是内在小孩的外在防御力。内在小孩沦陷,对应的能量保护圈会失去"法力";内在小孩处于稳定状态,对应的能量保护圈自然会"法力"无边。一旦我们内在的各个部分开启整合之力,就意味着能量保护圈具有最强大的防御力。这时,我们的体验更多的是欣喜与平静,并且我们能够调用全身之力处理所有遇见的人、事、物,而不是被它们扰动。

能量保护圈能够最大化地形成心理免疫力,得益于我们带内在小孩回家,与自己讲和。

之所以在最后一章来介绍心理免疫力,是因为如果我们一开始就强调心理免疫力,有些人就会急于构建能量保护圈,而不顾及内在小孩,这样的做法无异于纸包火。循序渐进地疗愈内在小孩并与他讲和,最终能量保护圈会随之自然启动或修复完整,即我们的心理免疫层又变得满血复活。

我们之所以用心理免疫力来隐喻能量保护圈,是因为无论它的形成还是它的作用,都与免疫系统非常相似。

在现实生活中,我们常会看到有的人虽然会经历各种困扰、苦难、悲伤,但是他可以从容渡过晦暗时期;相反,有的人常常会被外界干扰,甚至出现情绪崩溃。如果我们清楚心理免疫力的形成过程,也就能明白这个现象。

任何生物的生存都不是一帆风顺的,它们都是在不断经历困难、挫折的过程中慢慢成长的。心理免疫力也是基于挫折形成的。人在出生的那一刻就经历了来到这个世界的第一个挫折——冲出产道。一旦顺利通过产道来到这个世界,就意味着他成功经历了第一道磨难,同时意味着他应对压力的第一次心理免疫力开始形成，这也是现代医学建议非特殊状况尽量顺产而非剖宫产的原因之一。虽然此时这个能量保护圈并没有什么保护力，但是其更重要的意义是一次成功应对挫折、压力、创伤的经验，进而形成第一层心理免疫网。随着婴儿的不断成长，他会遇到与自己的应对能力相匹配的挫折、压力，甚至创伤，一旦他可以成功应对，心理免疫网就会再次加固。一层层的心理免疫网构建起了我们的心理免疫力，即能量保护圈。如果一个人在青春期之前能够成功应对周遭的变故，那么其在成年之后大概率不会因外在世界的扰动而打乱自己的生活秩序。

那么，是什么原因导致有些人没有构建好心理免疫力呢？第一个原因是，他们承受了超过其承载力的压力或长期处于压力之中而没有获得成功的应对经验，失败的经历使其无法继续构建心理免疫网，甚至使已经架构的心理免疫网开始瓦解。一旦外界不断出现各种扰动，内外震荡就会令其不堪！

第二个原因是，他们既没有成功应对压力、创伤的经验，也没有失败的经验。从一出生开始，他们在面对挫折、压力和创伤的时候就不需要自己去应对，很多事情都是由他人代劳或是有人帮他们消除了一切风险。这通常是父母出于本能要保护自己的孩子所致，虽然这无可厚非，但是过度保护反而会害了孩子。因为这会让孩子无法通过习得而获取心理免疫力，导致其成年后无法得心应手地应对外界干扰。我们在现实生活中也常常能看到这种现象，明明是很好的孩子却总是无法顺利地融入社会独立生存，无法处理所遇到的危机事件。如果能够在青春期前及时补救，那他还是来得及构建心理免疫网的，只不过这需要心理工作者的帮助。一旦过了青春期，人的很多行为模式就已经形成，很难改变。成年后，他要么永远退缩在所谓的安全区；要么遇到挫折时很容易悲观和无力应对；要么将付出更多努力、突破更多艰难险阻，才能让自己的免疫网强大起来。

因此，我们将在不断成功应对符合自己年龄阶段的挫折、压力和创伤中，一步步构建形成心理免疫力。过度承载的压力事件或不断应对压力事件，都无助于我们形成心理免疫力（即能量保护圈）。对于我们生命中遇到的每一次挫折、压力和创伤，我们都应该辩证地去看待。正是因为这些经历，我们才具有顽强的生命力。

不过，出于不同原因，当我们的能量保护圈被破坏或无法继续形成完整的心理免疫网时，我们的内在就会形成受创伤的内在小孩。当我们可以疗愈内在小孩并带他回家，在与自己讲和的同时，能量保护圈也开始进入修复模式。修复完成后，它又继续成为我们的心理免疫力，让我们不再受外界的扰动，达到内在平衡，以应对周遭一切的变故。

感受能量保护圈

无论何时，我们都能通过自身的内在感觉来感受能量保护圈，或是通过内视觉来看见它。当我们感受到或看见它的时候，我们的内心会更坚定地相信，我们的心理免疫系统正在保护自己不受外界的干扰，从而让自己维持一种稳定的状态，以应对周遭的所有变故。

在疗愈内在小孩之后，进行加固感受能量保护圈这一步骤是再好不过的了。不过，我们通常会忽略这一步骤，尽管这并不影响心理免疫力的修复与恢复完整的保护力，但是有了这一步，我们的心会更加安定。此外，正如前文所说，我们在完成前面的练习之后，这一步也会在我们的内在自动完成。

在面临以下两种情况时，心理咨询师有时会需要帮助来访者先在内在建构一个能量保护圈，让他身处保护圈内，再开始疗愈他的受创伤的内在小孩。第一种情况是，有的来访者还没有做好面对创伤的准备，他的内在世界正不断受到扰动，他备受煎熬，这时心理咨询师强化能量保护圈可以让他暂时不受外界的扰动，从而可以在某种程度上消除其混乱的情绪扰动，便于帮助他找到受创伤的内在小孩。第二种情况是，来访者将自己的问题投射于外界，认为自己受到的困扰都是源于外界的问题，心理咨询师应先帮助他强化能量保护圈，再慢慢指引他向内看自己的内在究竟发生了什么，从而更容易地帮助他找到受创伤的内在小孩。

练习 15　启动身体里的能量保护圈

与之前的练习一样，建议完成本书前面的练习之后再进行这个练习。如果你确实因为外界干扰而情绪崩溃，那么你可以暂时先进行这个练习。不过，此时这个练习就像止痛药，只是暂时起到麻醉的作用，并没有处理你内在的纠结、矛盾。因此，这个时候启动身体里的能量保护圈，只能暂时帮你恢复情绪，你需要做的是开始疗愈受创伤的内在小孩，以达到标本兼治的效果。你也可以找专业人士来帮助你穿越防御，找到你的内在小孩的真实需求，疗愈他，并重建他，实现内在人格的整合。

这个练习同样需要你在一个安静、独立的空间里，确保自己不会被打扰。这个空间里还需要有可以让你伸开手臂及站立活动的空间。

接下来，你需要记住以下的练习流程，或者用缓慢的语速将这个流程用手机或者录音笔录下来，在练习的时候引导自己（录制时，每完成一个动作，记得停顿一下，给自己一些缓冲的时间）。

开始练习。

第一步：

请坐在椅子上，微微闭上眼睛，不需要完全放松地坐着。感受你的身体，感受身体的每一个细胞、每一个毛孔，体会身体内在的每一个感受。再慢慢回想从你阅读本书开始，跟随着书中的每一个字，开始接触自己的内在小孩，疗愈他，重建他，整合自己的内在人格系统，一路下来你在每一阶段的感受，每一次身体的变化。给自己一些时间，慢慢感受自己在这个过程中的蜕变。

慢慢地，你开始发现自己的身体周围出现一层层弹性的、透明的膜一样的东西，它们位于自己与外界之间，并且会向外无限延伸。它们很通透，你可以看见膜以外的任何事物，也可以听到、感受到膜以外的任何事物。轻轻地伸出手，你会感觉它们就在你的周围，它们很柔软、舒服，你的手甚至可以从中穿过，让你可以触摸到你以外的任何事物。它们就像一层层隐形的太空服，包裹在你的身体上，但是你的身体是自由、舒服的。

第二步：

接下来，请你轻轻站起来，继续闭着双眼，伸开双臂，平行展开，然后手臂向上，在头顶上，手臂直立，双手合十。感受指尖不断向上的力量，甚至可以向上跳起来。向上跳的同时，双手及手臂迅速在身体两侧画一个大大的圆。再来一次，张开手臂，在头顶合十，向上跳起，然后迅速画一个圆，跳起并落下的瞬间，感觉双手将这个大大的圆形保护圈呈现在眼前，就像一个大大的、圆形的透明气球，你在气球里面。这是一个非常神奇的气球，你的感知能力可以完全穿过气球，感知外面的一切，但是气球外面所有对内在有负面影响的东西都会被它完全隔绝。轻轻地再来一次，张开手臂，在头顶合十，向上跳起，然后迅速画一个圆。在跳起并落下的瞬间，你已经启动了自己身体里的能量保护圈，它保护着你的内在不被外界干扰，让心享受宁静、愉悦。再来一次试试看，去启动能量保护圈，张开手臂，在头顶合十，向上跳起，然后迅速画一个圆，在跳起并落下的瞬间，你感觉这个能量保护圈就像一个大大的、透明的气球一样包裹着你，让你的内在受到绝对的保护。不管周围发生了什么，你都可以以稳定的心态来应对。根据自己的节奏，再试着去启动它，每启动一次，这个能量保护圈就会变得更加坚固、稳定。

第三步：

在完成第二步后，请你轻轻地坐下来。感觉你的嘴角流露出一丝丝的喜悦、兴奋。此刻，你已启动了内在系统的能量保护圈，它将保护你的内在不受外界的影响，你将遵从自己的内心，感知自己所遇到的一切。让自己愉悦地待一会儿。感受自己的身体，感受自己的呼吸，感受自己的心跳，感受自己的心被保护的感觉。

试着邀请过去创伤的记忆，或者当下扰乱你的来自外界的人、事、物，来到你的眼前。你或许会感到非常不舒服；或许会很平淡地面对，因为你已经疗愈了自己的受创伤的内在小孩，可以以平常心面对过去的一切和曾经发生的一切。尽最大努力发挥你的感知力，试着邀请它们，但是当它们出现在你面前的时候，能量保护圈能迅速地将它们弹出去，那些记忆中的画面、声音、感受也一并被隔离在外面。

可以再试着启动身体内的能量保护圈，跟它联结——你已经可以平静地面对这些创伤了。此刻，你只需向内在世界发出这样的信号，也可以和你的内在小孩商量是否可以平静地面对了。

在将这个信号传递出去后，你会发觉，你邀请的那些过往记忆或当下干扰你的外界就隔着你的能量保护圈出现在那里，不远不近，你可以感受到它们，但是它们无法触及你。你可以平静地与它们相遇，甚至可以平静地感受它们的声音和曾经迸发的情绪。然而，此刻不管发生什么，它们都无法触及你和你的心。

再试着轻轻地站起来，仍然闭着眼睛，张开手臂，在头顶合十，向上跳起，然后迅速画一个圆，跳起并落下的瞬间，感觉在你周围的能量保护圈更加稳固了。

接下来，带着能量保护圈去感知自己的世界。你或许会认为自己可能发生不好的状况。尽最大努力发挥想象力，想象一个自己发生不好状况的场景，但是此刻你已经启动了能量保护圈，带着能量保护圈进入你想象的场景，感受一下此刻将会发生什么。

此刻你会发现，外界的事物跟随各自的规律变化，但是它们无法触及你和你的感受，你并不会被它们扰动，你可以很稳定地面对这些负面的事情。不过，当你想触及它们的时候，你就可以触及它们、感受它们，只是不会被它们扰动，你会以一种稳定的状态去面对它们。再一次张开手臂，在头顶合十，向上跳起，然后迅速画一个圆，跳起并落下的瞬间，在你周围的能量保护圈更加稳固了。

第四步：

轻轻地坐下来。你刚刚经历了一个漫长的想象过程，接下来让自己在拥有能量保护圈的喜悦中休息一下。不要做任何想象，任由自己的头脑、思绪自由地发挥，可以让自己轻轻睡着，进入最深的休息状态。当醒来的时候，你将带着拥有能量保护圈的喜悦完全清醒过来。记住，任何时候你都可以再一次启动身体内的能量保护圈。它一直都在那里。

完成这个练习，本书的内容就完结了。与此同时，我相信，你已经可以拥有更幸福、美好的生活了。

后记

2020年的故事，全世界都知道。

陪我度过那段孤独日子的，是写作《治愈童年：与你的内在小孩讲和》这本书。现在回顾那段时间，说不清自己写书是想要帮助别人，还是想在写书的过程中疗愈自己。

上小学时，我最崇拜的人是鲁迅，因为他用笔杆子拯救人们的灵魂。那时，我立志要成为一位作家，像鲁迅那样用文字改变世界。写书，成了我30年前的未完成事件。我虽然总是蠢蠢欲动地想要创作，但又总是给自己找了很多借口：没有时间、没有灵感、没有主题方向……2020年给了我大量的闲散时间，尽管这不是我主观想要的；相反，内在小孩的成长是我在心理学工作中的一个方向，因此，当中国人民大学出版社的郑悠然编辑邀约我写这本书时，我欣然接受。这本书就像是未完成的驱力，促使我完成了30年前的未完成事件。在我交稿的那一刻，新的未完成事件也在心头诞生。

非常感谢吴隶骅老师的引荐，让我遇见了郑悠然编辑。是两位给了我一个机会，让我沉下心来思考十几年来在心理学中所学的知识以及这些年来实践的经验，并把它们整理成你眼前的这本书。

写作这本书的思路也是我个人心理咨询工作的方向——人格成长。正如我的硕士研究生导师蔡仲淮先生所说："关于所有的心理问题及心理疾病，其最有效的潜意识中的修复力量，就是人格重建。"我是2013年夏天参加蔡老师的工作坊时第一次听到这句话。也正是从那时起，我开始了实践人格成长与人格重建的心理咨询和心理培训工作。2017年，我融合潜意识图像卡（即俗称的"OH卡"）整合出自我建构课程。2019年，我在全国范围内建立了内在小孩疗愈工作坊……如今，我把它们整理成书，这对我来说是上了一个新的台阶。

内在小孩是创伤与人格之间的纽带。对于大多数人来说，能够影响我们一生的创伤大多来自童年。因此，疗愈内在小孩，就是疗愈童年创伤。内在小孩的成长，也是人格成长，最终实现人格重建。写作这本书的初衷是希望通过内在小孩引导读者走出创伤，让自己的内在系统重新整合。无论是在工作坊还是在个体咨询中，我常常会看到那些有过不堪回首的童年经历的人们，他们不断地重复痛苦的模式，却又不知道该如何走出来以及走向何处。因此，借助内在小孩这个纽带，可以引导人们走出童年阴影，走向成熟、幸福的自己。

本书是一部关于自我成长的书籍，书中引用了一些案例，还有一些练习，希望你能跟随书中的内容自我觉察、自我练习。在此，我也非常感谢我遇见的所有来访者，你们也让我在这个过程中获得了成长。

这本书是2020年留给我的礼物，其中没有华丽的辞藻，只有对此时此刻的珍惜。

最后，我也感谢阅读本书的你。如果你能为我提出宝贵的意见和建议，将令本书更有温度。